シンプルに考える

森川亮
Akira Morikawa

ダイヤモンド社

シンプルに考える

はじめに

会社にとっていちばん大切なことは何か？

利益？　社員の幸せ？　ブランド？　戦略？　ビジネスモデル？

僕は違うと思います。たしかに、どれも大切なことです。しかし、いちばんではない。では、何がいちばん大切か？

僕の答えはシンプルです。

ヒット商品をつくり続けること。これしかありません。

ヒット商品をつくり続ける会社が成長し、ヒット商品をつくることができなくなった会社が滅びる。古今東西《ここんとうざい》、ビジネスを支配しているのは、このシンプルな法則です。

「利益」も「社員の幸せ」も「ブランド」も、ヒット商品が生まれた結果として生み出されるものですし、ヒット商品がなければ「戦略」や「ビジネスモデル」も画《え》に描いた餅にすぎません。だから、ビジネスの本質は「ユーザーが本当に求めているものを提供し続けること」。それ以外にはないのです。

そのためにはどうすればいいか？

これもシンプルです。

ユーザーのニーズに応える情熱と能力をもつ社員だけを集める。そして、彼らが、何ものにも縛られることなく、その能力を最大限に発揮できる環境をつくり出す。これ以外にありません。

そのために必要なことだけをやり、不要なことはすべて捨てる。

僕がやってきたことは、これに尽きます。

シンプルに考える——。

これが、僕の信条です。

悩むのをやめた、と言ってもいいかもしれません。

悩むとは、なんとなく「あれも大事、これも大事」と迷っていること。結局、何も決められず、行動に移すことができません。あるいは、「あれもこれも」と力を分散させてしまう。しかし、結局、人間が一度にできることはひとつだけ。結果を出すためには、ひとつのことに全力を集中させなければなりません。だから、悩んでいてはダメだと思うのです。

大切なのは「考える」こと。人が悩むのは、「表面的な価値」に惑わされているからです。だから、「何が本質か？」を考え尽くさなければなりません。そして、最も大切なことを探り当てて、それ以外のものは捨て去る。シンプルに考えなければ、人は何も成し遂げることができないのではないでしょうか？

会社も同じだと思います。

「表面的な価値」を「本質」と取り違える愚《ぐ》を犯してはなりませんし、人材、資金、時間などの限られたリソースを、「あれも大事、これも大事」と分散させてはなりません。「ユーザーのニーズに応える」という「本質」に全力を集中させる。それ以外に、ビジネスを成功させる方法はないと思うのです。

だから、僕は、ＬＩＮＥ株式会社の社長に就任したときに、こう心に決めました。

「年齢、職歴、役職に関係なく、ユーザーのニーズに応える情熱と能力がある人間が主導権をとる。そして、クオリティの高いプロダクトを、どこよりも早く出す。ルールはこれだけだ」

そして、そのような環境を生み出すうえで邪魔になる考え方を、自分のなかから徹底的に排除していきました。かつてＭＢＡで学んだことや経営書で読んだこと、常識とされていることにとらわれることなく、試行錯誤《しこうさくご》を繰り返しながら「実質」のみを追求したのです。その結果、次のような方針が確立していきました。

「戦わない」
「ビジョンはいらない」
「計画はいらない」
「情報共有はしない」
「偉い人はいらない」
「モチベーションは上げない」
「成功は捨て続ける」
「差別化は狙わない」

「イノベーションは目指さない」
「経営は管理ではない」

驚かれる人もいるかもしれません。

たしかに、これまでの常識に反することばかりです。

しかし、これらの方針はＬＩＮＥを生み出したチームで今もまさに実践していることです。だからこそ、彼らはＬＩＮＥを短い期間で、世界数億人のユーザーに利用されるグローバルサービスに育て上げることができたのです。

僕は、２０１５年3月31日をもって、ＬＩＮＥ株式会社の社長の座を後進に引き継ぎました。

日本テレビ放送網、ソニーを経て、ＬＩＮＥ株式会社の前身となるハンゲーム・ジャパン株式会社に入社したのは２００3年。当時は、社員約30人の赤字会社。36歳にして平社員、年収も半減する転職でしたが、創設して約3年と〝若い会社〟であるハンゲーム・ジャパン株式会社には、大企業につきまとう社内のしがらみもなく、「いま世の中が求めているもの」や「新しいもの」を自由に追求できるのではないか、と考えたのです。資金力もブランド力もなく、あるのは「情熱」と「知恵」だけ。仲間とともにがむしゃらに働いたことを懐かしく思い出します。

あれから12年が過ぎました。

この間、数多くの失敗をしてきました。努めて楽天的に振る舞ってきましたが、正直なところ、不安で眠れない夜もありました。思い通りにいかず、部下とともに声を出して泣いたこともあります。

しかし、失敗から実に多くのことを学ぶことができました。いえ、「なぜ失敗したのか？」を徹底的に考えたからこそ、ビジネスの「本質」に近づくことができたのだと思います。そして、あきらめることなく一歩ずつ歩み続けた結果、ここまでたどり着くことができました。この12年間の経験は、僕の一生の財産です。

そこで、社長退任を機に、これまでの人生で経験したこと、学んだこと、考えたことを、ひとりでも多くのビジネスパーソンとシェアしたいと考えて本書を書きました。いい仕事をして、ビジネスで成功するために、何が最も大切なのかを、僕なりにシンプルに考え、実行してきたことの記録でもあります。将来に不安を感じている若い方々から、会社の行く末を案ずる経営者の方々まで、何かしら参考にしていただけることがあるのではないかと考えた次第です。

もちろん、まだまだ若輩者《じゃくはいもの》です。ご批判やご意見もお寄せいただけると幸いです。多くの皆様と本質的な議論を深めることによって、世界経済の発展に少しでも貢献できれば望外の喜びです。

森川 亮

シンプルに考える

目次

第1章 ビジネスは「戦い」ではない

第2章 自分の「感性」で生きる

第3章 「成功」は捨て続ける

第4章

「偉い人」はいらない

第5章 余計なことは全部やめる

第6章 イノベーションは目指さない

装丁 奥定泰之
編集協力 上阪 徹
写真 榊 智朗
DTP NOAH
校正 小倉優子
編集 田中 泰

第1章

ビジネスは「戦い」ではない

1 「熱」こそが成功の条件である

使命感をもってユーザーのために尽くす

忘れられない光景があります。

２０１１年3月末――。

東日本大震災の直後、社員の安全を最優先するために東京オフィスの閉鎖を決定。僕たち経営陣は福岡オフィスで業務を継続するとともに、社員の安否確認《あんぴかくにん》を続けました。そして、震災後の混乱が収まりつつあった2週間後、業務を再開すべく東京オフィスを再開したときのことです。

正直に言うと、僕は心配していました。震災後の心労でみんな疲れているのではないか、と。しかし、それはまったくの杞憂《きゆう》でした。みんな待ち望んでいたという様子で、すごい集中力で仕事を始めたのです。僕は、その様子に目を見張る思いでした。

そのなかに、LINEのプロジェクトに携わっている面々がいました。2010年末、「スマートフォンに特化したサービスを開発しよう」という掛け声のもと、社内で選抜された少数精鋭《しょうすうせいえい》のチームです。彼らは、市場調査を踏まえて、「スマートフォン・ユーザーが求めているサービスは何か?」について検討を重ね、「ゲーム」「写真共有」「コミュニケーション」の三つにテーマを厳選。さらに、このなかからどれかひとつに絞り込んでプロジェクトに着手しようとしていました。

ところが、その矢先に震災が発生。彼らは、震災での自らの体験をもとに議論や分析をさらに深めていきました。そして、いま求められているサービスは、「クローズドなコミュニケーションだ」と確信。後にLINEと名づけられるメッセージ・アプリの開発に着手したのです。

おそらく、震災後、彼らは、家族や親類や友人たちの安否確認に心を砕《くだ》いたはずです。電話、メール、SNS……。あらゆる手段で連絡をとろうとした。そして、一部のネットリテラシーが高いユーザーだけではなく、「誰もが使いこなせる、もっと便利なメッセージ・サービスが必要だ」と切実に感じたに違いありません。

だからこそ、世の中が求めているサービスを明確にイメージできたのでしょう。一分一秒でも早くそれをカタチにして、ユーザーに届けなければ……。そんな使命感に突き動かされていたのではないかと思います。メンバーの多くは、ほとんど家に帰らずに仕事をしていたようです。いま思えば、このときの「熱」が、そのままLINEの成功につながったように思います。

僕は、彼らの方針・ビジョンには一切口をはさみませんでした。

なぜなら、意味がないからです。

社長である僕の仕事は、自分よりその分野に強い人に仕事を任せること。その人がリーダーとなり、必要なメンバーが集まって全力でプレーをしている。そこで、僕が何を言っても邪魔になるだけです。

いわば、彼らはサッカーのピッチに立って、パスを回しながらゴールを目指して全速力で走っているフォワード。ピッチの外にいる僕が、「右足で蹴《け》れ」「シュートだ」

と指示を出すことに意味があるでしょうか？　プレーヤーはそんな声を聞いてはいませんし、むしろ、聞いてはいけない。その瞬間にプレーが止まってしまうからです。それに、ゴール前の判断は〝動物的な勘《かん》〟が頼りです。一瞬の間隙《かんげき》を縫《ぬ》って、シュートを放つ。フォワードには、その瞬間のために神経を研ぎ澄ませてもらわなければなりません。余計な雑音で、その邪魔をしてはいけないのです。

僕の仕事は、彼らの邪魔をするものを取り除くこと。そして、何か必要なものがあれば用意すること。彼らの「熱」を守ることこそが、最大の使命なのです。

僕の理想はシンプルです。

現場はひたすらユーザーのために全力を尽くす。

経営は、現場が仕事にとことん集中できる環境を守る。

それが、僕が長年思い描いている理想です。そして、その理想的な状態のなかでＬＩＮＥは生み出されたのです。

2 ビジネスのシンプルな本質とは？

「求める人」と「与える人」のエコシステム

いま、世界は激変しています。

ものすごいスピードで技術革新が進み、ビジネス環境はめまぐるしく変化し続けています。思いもよらないイノベーションが起きて、これまで成功していたビジネスがひっくり返されることも珍しくありません。今の仕事が、5年後、10年後に存在するかどうかさえわからない。僕たちは、そんな時代を生きています。

先が見えない……。

将来どうなるんだろう……。

誰もがそんな不安を抱えているのではないでしょうか？

もちろん、僕もそうです。

とりわけ変化が激しいインターネット業界に身を置く者にとっては、3ヶ月先も不確実な未来です。だから、事業を思うように進められなかった時期はいうまでもなく、LINEがヒットしてからも、「明日、何があるかわからない……」という不安が胸を去ったことはありませんでした。僕だけではなく、社員の多くがそう思っています。

だけど、僕は不安を無理やり消そうとは思いません。

実際に、明日何が起こるかわからないのですから、不安を消そうとしても消えはしません。それよりも、「それが現実なんだ」「それが自然なことなんだ」と受け止めることが大切だと思っています。なぜなら、不安だからこそ、自分なりに先を見通す努力をして、何か変化があったときに素早く対応できるように準備をするからです。不安には、そんな効用があると思うのです。

むしろ、危険なのは、漠然《ばくぜん》とした安心を求めることではないでしょうか？

大企業に就職すれば一生安泰《いっしょうあんたい》。

偉い人の言うことに従えば大丈夫。

出世すれば安全だ……。

僕は、こうした生き方ほど危険なことはないと思います。

なぜなら、ビジネスの本質からズレているからです。


ビジネスとは何か?

とてもシンプルなことです。

求める人と与える人のエコシステム(生態系)——。

これが、ビジネスの本質です。

お腹が空いた人に、おいしい料理を出す。

冬の寒い日に、あたたかい衣服を差し出す。

手持ちぶさたな人に、手軽なゲームを提供する。

どんなことでもいい。人々が求めているものを与えることができる人は、どんな時代になっても生きていくことができる。それが、ビジネスのたったひとつの原則だと思うのです。

大切なのは、人々が本当に求めているものを感じ取る能力と、それを具体的なカタチにする技術を磨き続けること。そして、人々が求めているものが変化したときには、それをいち早く察知《さっち》して新しいものを差し出すこと。そこにひたすら集中すること以外に、不安から離れる方法があるとは思えません。

大企業に勤めれば、偉い人に従えば、出世すれば……。

このような漠然とした安心にしがみついていると、いずれエコシステムから排除されてしまう。それが、自然の摂理《せつり》ではないでしょうか?

3 ビジネスは「戦い」ではない
ライバルではなく、ユーザーだけを見る

僕の人生に最も大きな影響を与えたのは音楽です。

音楽と出会うきっかけをつくったのは母親でした。小学生のころ、僕は野球チームに入っていたのですが、あまり好きではありませんでした。「いやだなぁ」と思っていたら、母親が合唱団のオーディションに申し込んでくれたのです。どうやら、僕が家で歌っているのを聞いて、「この子は歌がうまいんじゃないか？」と思ったようです。

僕に自信をもたせたかったのかもしれません。

実は、そのころ、僕は病気がちでした。ひどいアトピー性皮膚炎《ひふえん》で、全身湿疹《ぜんしんしっしん》。一時期は、頭まで包帯で巻いて登校しなければなりませんでした。そんな僕に「ミイラ

男」というあだ名をつけたクラスメイトもいたほどでした。「きっと、僕は一生ミイラ男で終わるんだろうな……」と、毎日つらい気持ちでいました。母親は、そんな気持ちを察して、僕の得意なことを見つけようとしてくれたのではないかと思うのです。

母親に言われるがままオーディションを受けたら、たまたま合格。その合唱団で、本格的なトレーニングを積み、さまざまなコンテストやイベントなどに出場するようになりました。テレビにも出演して、当時大人気だったピンクレディーのバック・コーラスを務めたこともあります。

そして、音楽にのめり込んでいきました。音楽はスポーツと違って、誰とも戦いません。一生懸命に練習をして、リスナーが喜んでくれれば、全員がハッピーになれる。自分も元気になれる。そんな音楽が大好きになったのです。

だから、その後もずっと音楽を続けてきました。声変わりを機に、ドラムに専念。中学、高校とバンドを続け、大学時代にはプロのジャズ・ドラマーを目指して練習を重ねたものです。ビジネスマンとなってからも、時間をつくってはドラムを叩き、友人たちと演奏を楽しんできました。そんな人生を送ってきた僕は、音楽から大きな影響を受けてきたのです。

ビジネスの本質も音楽に近いのではないか――。

僕は、そう考えています。たとえてみれば、会社はバンドのようなもの。歌のうまい人、ギターのうまい人、ピアノのうまい人……。いろんなパートを受け持つ「腕利き」が集まって、いい音楽を奏《かな》でるために力を合わせる。そして、いい演奏ができればメンバーも楽しい。リスナー（ユーザー）も喜んでくれる。全員がハッピーになれるのです。

いい音楽を生み出すためには、「リスナーはどんな音楽を求めているか？」「そのためにはどんな演奏をすればいいか？」という問いに向き合うことがいちばん大切です。メンバー同士が戦っても意味がありませんし、他のバンドと戦うことにも意味はありません。一人ひとりが受け持つ楽器の腕を磨き、いいハーモニーを生み出せば、必ずリスナーも喜んでくれる。それが、音楽だと思うのです。

もちろん、現実のビジネスでは戦いを避けることはできません。

他社が優れたプロダクトを生み出せば、それを上回るものを出さなければ生き残れませんし、他社の開発スピードに遅れをとれば劣勢《れっせい》に立たされます。それは、競争であり、戦いでもあります。しかし、それがビジネスの本質ではないと思うのです。

むしろ、それを本質だと考えると道を間違えるのではないでしょうか？

なぜなら、ユーザーから目が離れてしまうからです。

「ライバルからシェアを奪い取れ」「ライバルより値下げしろ」「ライバルより利益率を高めろ」……。こうした戦いにばかり気を取られるうちに、ユーザーのことよりもライバルのことばかりに気が向くようになります。そして、ライバルに勝つことが目標になってしまうのです。しかし、ユーザーにとって、それはどうでもいいことです。ユーザーは、ただ「いい音楽」が聞きたいだけなのです。

だから、僕はビジネスとは戦うことではないと思います。

それよりも、シンプルにユーザーのことだけを考える。そして、「ユーザーが本当に求めているもの」を生み出すことに集中する。その結果として、勝利はもたらされるのです。

4 経営は「管理」ではない

自由こそイノベーションの源

イノベーションが起きない——。

これが、日本経済のいちばんの課題だと思います。

そのため、多くの会社がイノベーションを起こすために、さまざまな施策《しさく》を打ち出しています。しかし、なかなか大きな成果が生まれていないのが、現状ではないかと思います。「笛吹けど踊らず」。そう嘆く経営者もいらっしゃいます。

なぜでしょうか?

僕は、経営のあり方に問題があると考えています。

「経営とは管理することである」。この固定概念《こていがいねん》がイノベーションを阻害《そがい》している。

つまり、経営が社員の活動を細かいところまで管理しようとするがために、社員の強みを生かし切れていないことに根本的な問題があると思うのです。

たしかに、戦後の日本企業は、高度な「経営管理」によって大きな成果を生み出してきました。それは大量生産大量消費の世界だったからこそ、うまく機能したのだと思います。しかし、先人がつくったプロダクトを延々《えんえん》と磨き続けていく。そして、徹底した品質管理と工程管理のもと、クオリティの高いものをつくり続ける。そのような世界では、管理こそが重要になります。

しかし、時代は変わりました。イノベーションが重要になった今、「経営とは管理すること」という発想を捨てる必要があると思うのです。

では、イノベーションには何が必要か？

僕は、その答えをかつてのソニーに見出します。

ご存知のとおり、ソニーは数々のイノベーションを生み出してきた会社です。それを可能とした理由として、真っ先に挙げられるのが「自由」です。ソニーでは、優秀なエンジニアたちが、空いた時間に興味ある技術を自由に開発することが認められていました。会社のリソースを使って、好きなだけ研究できる。ウォークマンの技術も、こうして生まれたと言われています。

それだけにとどまりません。「これだ！」と思える技術を開発すると、エンジニアたちは、自分の判断でさまざまな部署やグループ会社にプレゼンテーションに回りました。そして、意気投合《いきとうごう》すると、その部署に異動したり、新会社をつくったりして、そこから新しい商品やサービスを生み出していったのです。

ここにあるのは「管理」ではありません。優秀な社員たちが自由に活動し、共感をベースに連携し合う見事なエコシステムです。僕は、このエコシステムこそがイノベーションの源になると思うのです。

LINE株式会社には、そのエコシステムが存在します。

スポーツにたとえれば、「野球型」よりも「サッカー型」の組織体制です。

野球はすごく管理されたスポーツだと思います。打順が決まっていて、自分が何番目に打つのかがわかる。ポジションも固定的で、ピッチャーがキャッチャーをやることはまずない。そして、一球ごとに監督がサインを出して、選手たちをコントロールすることができる。監督の采配《さいはい》がゲームに及ぼす影響が非常に強いスポーツです。
一方、サッカーはきわめて流動性が高いスポーツです。一応ポジションはありますが、状況次第でいくらでも変わります。場合によっては、ゴールキーパーがシュートを狙ったっていい。しかも、監督はゲームをコントロールすることはできません。一瞬一瞬の判断は、すべて選手に委ねられているのです。ゲームの行方を左右するのは、選手一人ひとりの技術と、チームとしてのコンビネーション。つまり、彼らの間で良好なエコシステムが機能しているかどうか、なのです。

イノベーションを生み出すのは人間であって、システムではありません。社員をシステマチックに管理しようとすればするほど、イノベーションから遠ざかってしまうのです。逆に、彼らが生き生きと仕事ができるエコシステムを生み出したときに、はじめてイノベーションの可能性が生まれる。だから、今やるべきことはシンプルです。「経営とは管理することである」という固定概念を捨てる。これが、イノベーションへの第一歩だと思うのです。

5

「お金」を中心に考えない

価値を生み出すことに集中する

会社は何のためにあるか?

僕の答えはシンプルです。

世の中に価値を提供するためにある。これがすべてです。

もちろん、利益も大切です。利益が出なければ会社を存続させることはできません。しかし、利益が出るか出ないかは結果論にすぎない。価値を提供すれば、その結果として自然と利益はついてくるのです。

むしろ、利益をビジネスの目的にすると危ない。どの企業でも儲けを優先し始めると、ユーザーはその変化に必ず気づきます。「あ、何かスイッチが入ったな」と。対価に見合う価値を提供しているうちは、それでも支持してくれますが、儲けを優先していることがわかったら、ユーザーは一気に離れ始めます。インターネット業界でも、そうして衰退していった企業がたくさんあります。

長く続くものとは、納得感をもってお金を払ってもらえるものだと思います。そのためには、利益よりも価値を生み出すことに集中することです。とにかくユーザーの満足感を高めることに注力すべきなのです。そして、ユーザーも企業も、双方が喜べるエコシステムのようなものをつくり出すことが重要なのだと思います。

だから、僕はお金を中心にものごとを考えることはしません。

たとえば、アウトソーシング。アウトソーシングをすれば、コストカットはできるでしょう。しかし、よほど信頼できる会社でなければ、仕事をアウトソーシングすることは極力避けてきました。

もちろん、ノウハウが漏れてしまうリスクも考えましたが、それ以上に重要なのは、多くの会社が「受注体質」だということです。「この仕事をお願いしたい」と相談すると、「いくらですか？」と返ってくる。「どんな価値を生み出したいのか？」「そのためには何が重要なのか?」。そうした本質的な議論がなかなかできない。逆に、価値を下げてでも、コストを下げたいと言い出す会社もある。それでは、とてもではありませんが価値を生み出すことなどできません。

面白いエピソードがあります。

あるパソコン・メーカーの話です。かつて、その会社はすべての工程を自社内で行っていたのですが、あるとき組み立てをアウトソーシングしました。すると、コストカットにつながった。そこで、「あれもこれも」とアウトソーシングを増やした結果、社内でやることが何もなくなってしまったというのです。お金を中心にモノを考えると、会社はカラッポになってしまう。それを象徴するようなエピソードだと思います。

お金よりも大切なのは心です。

「世の中に価値を提供したい」「たくさんの人々に喜ばれる価値を生み出したい」。そんなピュアな情熱をもつ優秀な人だけを集める。経営は、彼らがその能力を最大限に発揮できる環境を守り続ける。そして、「こんなサービスが実現できたら、みんな喜んでくれるはずだ」とワクワクしながら仕事をする。このワクワクする気持ちが大切なのだと思います。
もちろん、そのようなサービスを生み出すのは簡単なことではありません。身を削るような努力をしなければなりません。しかし、だからこそ、ユーザーも「あの会社のやることは、いつもワクワクさせられる」と思ってもらえるようなサービスを出し続けることができる。それこそが、企業のブランディングであり、会社を永続させるもっともシンプルな原則だと思うのです。

だから、僕はこう確信しています。
ユーザーを愛する気持ち。
自分が携わる商品やサービスを愛する気持ち。
これが、ビジネスを成功させるためにいちばん大切なものなのだ、と。

6 会社は「人」がすべて

「すごい人」が「すごい人」を引き寄せる

企業とは人の集まりです。

どんな人が働いているかによって企業文化は決まり、企業の盛衰は決まります。

だから、企業にとって採用はきわめて重要だと、僕は考えています。「いい人材」を採用することができなければ、どんなに立派な企業理念を掲げていても、どんなに豪華《ごうか》なオフィスを構えていても、どんなに精緻《せいち》な戦略を練り上げても、いずれその企業は衰退する。それが現実です。

人間と同じです。たとえば、人間は食べ物が大事。どんなに熱心にジムに通ってトレーニングをしても、身体に悪いものを食べていれば健康にはなれませんし、身体の調子が悪いときに薬だけに頼っていても根治《こんち》はしません。食生活を変えなければ、健康を取り戻すことはできない。何を身体にとり入れるかがいちばん重要なのです。

そのため、LINE株式会社はきわめて慎重に採用を進めています。

まず、大量採用はしません。なぜなら、数を求めると質を犠牲にせざるを得ないからです。「お金」や「出世」や「企業ブランド」をモチベーションにする人、すなわち「ユーザーのニーズに応える」こと以外をモチベーションにする人が紛《まぎ》れ込《こ》んでしまう。これが、非常に危険です。

何事も量が質を決めます。「間違った目的をもつ人」の割合が高くなると、徐々に企業文化が変わり始めます。「ユーザーのために」とがんばっている社員たちがやりにくい雰囲気が生まれる。なかには、自分の出世のために、結果を出している社員の足を引っ張るような人物も現れる。すると、それを察知した優秀な社員たちは会社を去り始め、気がついたときには「ダメな人」が大勢を占める会社になっている……。

実際、成功した会社が傾き始めるきっかけが大量採用だった、というケースは散見《さんけん》されます。その意味で、会社が大きな成功を収めたときこそ注意が必要。成功すればどうしても仕事が増えますが、安易に採用を増やすと命取りになる。ムダな仕事を徹底的に排除して、採用を極力絞り込む。そして、一人ひとりの「人物」を見極める努力をする必要があるのです。

では、どう見極めればいいか？

中途採用ではスキルと経験があるのが前提。そのうえで、僕はその人の「価値観」や「生き方」に注意を払いました。「お金」や「出世」や「企業ブランド」を求める人は不採用。「どんな仕事をしたいのか」「どんな夢をかなえたいのか」「自分をどう活かしたいのか」といったことを話すときに、どれだけ目をキラキラさせているか？　過去にある程度の成功経験があっても、あくまでも謙虚にさらなる成長を求めているか？　ここが最大のポイントです。

もちろん、僕は採用面接で甘い言葉は一切口にしません。仕事の厳しさを率直に伝えます。それでも、揺らぐことなく「いいものがつくりたい」という情熱が伝わってくる人、仕事に対するピュアな思いがある人に大きな魅力を感じます。

とはいえ、面接で人物を100％見極めるのは難しい。「こうすれば間違いない」というノウハウなどあり得ません。

むしろ、問われるのは面接する側。日々ユーザーと誠実に向き合って、身を削るような努力をしている。そして、結果を出し続けている。そうした「すごい人」は、本能的に相手の素質を見抜くからです。この「直感」に勝る武器はないと思います。

しかも、その「すごい人」の存在が採用戦略に圧倒的な優位性をもたらしてくれます。なぜなら、本当に優秀な人が求めているのは、「お金」でもなければ「地位」でもなく、業界トップの「すごい人」と一緒に働くことだからです。幸いなことに、LINE株式会社には「すごい人」がたくさんいますから、自然と優秀な人を引き寄せてくれます。さらに、「すごい人」たちが採用面接をすることで、そのなかから飛び切り優秀な人物を見極めてくれる。そんな好循環が生まれたのです。

その意味で、採用戦略の根幹《こんかん》は、優秀な社員たちが能力を思う存分発揮できる環境を整えることだと言えます。彼らにのびのびと気持ちよく働いてもらえれば、質の高い人材が集まるエコシステムが生み出されるのです。

第2章

自分の「感性」で生きる

7 仕事は自分でとりにいく

「やりたいこと」を仕事にする

仕事は自分でとりにいく――。

これは、LINE株式会社で活躍する人に共通するシンプルな行動原理です。

「この仕事がやりたい」「このプロジェクトには、私がいたほうがいい」と、自分で仕事を取りに行って、そのままやり切ってしまう。部署やチームの垣根《かきね》にとらわれず、「面白そうだ」「自分の力を活かせる」と思ったら、遠慮なく仕事に突っ込んでいく。そんな人が、どんどんと自分の可能性を広げていくのです。

僕は、彼らの働き方をとても嬉しく思っています。なぜなら、「仕事は与えられるもの」と考えている限り、自分らしく生きることはできないからです。人間はやりたくないことを我慢してやり続けるよりも、やりたいことをやって生きていくほうが幸せだと思います。それに、やりたいことだからこそやる気も出る。当然、結果も出やすい。それは、僕自身の実体験から確信していることです。

僕のキャリアは挫折《ざせつ》から始まりました。

大学を卒業して、日本テレビ放送網に入社。子どものころから音楽に打ち込んできた僕は、音楽番組の制作にかかわることを希望していました。ところが、配属になったのはコンピュータシステム部門。ひたすら裏方の仕事ですから、「なんで自分だけ？」と、半年ほどふて腐れていました。

でも、腐っていても埒《らち》が明かない。「どうせやるなら、とことんやろう」と思い直して、コンピュータを本格的に勉強。いくつも資格をとって、社内で最もコンピュータに詳しい存在の一人になりました。しかし、それでもハッピーにはなれませんでした。それなりに仕事ができるようになると、いろんな人に頼られるようになります。その結果、番組制作の部門への異動がますます難しくなったからです。

転機は突然訪れました。

ちょうどそのころ、インターネットが登場。「これはすごい」と思いました。テレビとネットを融合《ゆうごう》させれば、今よりもっと面白いことができる。そう考えた僕は、「受け身」の仕事の仕方をやめました。コンピュータシステムの仕事をこなしながら、インターネットを活用した仕事を勝手につくり出すことにしたのです。

手始めにやったのが社内向けインターネット・プロバイダの立ち上げでした。上司の許可も取らずにやったのですが、〝新し物好き〟のプロデューサーから「こんなことできないか？」「ちょっと力を貸してくれよ」と声がかかるようになりました。

後輩と一緒に、クイズ番組の企画をしたこともあります。来場したお客様にパソコンを渡して、その場でクイズに答えてもらい、その回答をタレントさんに当ててもらうという趣向《しゅこう》。僕も番組に出演してシステム操作をしたら、「なんで勝手なことやってるんだ？」と上司には皮肉を言われたものです。

そのうちに、インターネット・ビジネスへの夢がどんどん膨らんでいきました。ところが、結果を出せば出すほど上司が離してくれない。いつまでたっても、コンピュータシステムの仕事を手放すことができませんでした。インターネットの仕事に専念したい……。そう思った僕は、転職活動を開始。日本テレビに辞表を提出することにしました。

当時、日本テレビを辞める人なんていませんでしたから、社内はちょっとした騒ぎになりました。そして、退職3日前。上層部に呼び出されて、こう言われました。

「どうせ辞めるのなら、君が好きなことをやりなさい」

なんと、僕のためにネット・ビジネスの専門部署をつくるというのです。思いもよらないことでしたから、驚きました。しかし、僕は、ようやく「やりたい仕事」を手に入れることができました。そして、今につながるキャリアが始まったのです。

だから、僕は確信しています。

仕事は与えられるものではなく、自分でつくり出すもの——。

これこそ、仕事において根源的に重要なことです。「受け身」でいる限り、イヤな仕事が集まるだけ。それよりも、自分から仕掛けたほうが絶対にいい。はじめは小さくてもいいからやりたいことをやってみる。そのために勉強をして、結果を出していれば、必ずやりたい仕事は手に入る。そして、人生が拓《ひら》けていくと思うのです。

8 「お金」や「名誉」を求めない

常に成長を実感できる場所に身を置く

「お金」と「名誉」——。

これは、人間にとって非常に魅力的なものです。

しかし、僕は、これらをモチベーションに働くのはむしろ危険だと考えています。

理由はシンプルです。「お金」や「名誉」を手に入れると、それを守ろうしてしまうからです。その結果、新しいチャレンジができなくなり、自分の成長を止めてしまう。

それは、とても恐ろしいことだと思うのです。

かつて、僕は怖くなったことがあります。

日本テレビで働いていたころのことです。当時、僕は驚くほどの高給をもらい、日本テレビに勤めているというだけで周りからチヤホヤされていました。しかし、広く社会を見渡せば、自分の実力がどの程度のものか痛いほどわかっていました。自分の本当の市場価値に比べて、あまりに高い給料とステータス。「このままじゃ、ダメになってしまう」と怖くなったのです。

だからこそ、インターネット・ビジネスの世界で自分の価値を高めたいと、より一層仕事にのめり込んでいきました。そして、日本テレビはインターネット・ビジネスの専門部署までつくってくれました。張り切った僕は、大学院でMBAを取得。ネットを活用した新規ビジネスを次々と仕掛けていきました。

しかし、社内のカベが厚かった。なかなか、思うように仕事を進めることができなかったのです。どうしてもテレビ局の本業は放送事業。僕がやろうとしていたインターネット・ビジネスは、放送事業に携わっている人達にとっては、ある意味邪魔な存在だったのです。そのことに気づいた僕は、再び退職を決意。33歳のときでした。

まったく躊躇《ちゅうちょ》しなかったと言えば嘘になります。会社に残れば、将来の生活も保証され、社会的なステータスもある。それを手放すのが惜しい気持ちもありました。

だけど、このとき思いました。それにしがみついて、やりたいことをあきらめるような生き方はしたくない。それはまるで、動物園で飼育されるような人生だ、と。

オリのなかで、飼育員の言うとおりにしていれば、毎日時間どおりにエサが与えられます。それは、とても安全でラクな人生かもしれない。だけど、自分が思うように生きることはできない。なにより、サバンナに放たれたとき、自分の力でエサを獲得できなくなってしまうのが怖い。だから、僕は動物園から出ることにしたのです。

転職先はソニー。年収は半減しましたが、気になりませんでした。当時のソニーが志向していたのは、テレビなどのハードウェアと音楽や映画などのコンテンツをネットで結びつけること。まさに僕がやりたいことだったからです。

ところが、ここでも社内のカベが立ちはだかりました。「なぜ、テレビをネットにつながなければならないのか?」などと既存部門から強い抵抗を受けたのです。そこで、ちょうどそのころ社内で立ち上がったブロードバンド・サービスを構築するジョイントベンチャーに参加。なんとか年商数十億円を超えるビジネスに育てることに成功したのですが、その瞬間に本社から退職間際の方々が送り込まれてきました。もっと自由にやりたい……。そう思った僕は、このささやかな成功も捨てることにしました。

そして、再び転職。入社したのがハンゲーム・ジャパン株式会社でした。36歳で平社員、年収も再び半減。知名度もないベンチャー企業でしたから、これを機に僕から離れていった知人もいました。しかし、ここでようやく僕は、自分の力を思う存分発揮できる場所を手に入れることができたのです。

僕は、こんなキャリアを歩んできました。

「やりたい仕事」を求めて努力を繰り返してきたし、自分の価値を高められると感じたときには、「お金」や「名誉」も捨てて転職してきました。そして、ゼロから結果を出さなければならない状況に自分を追い込んだときに、自分の能力が発揮されて、それを乗り越えたときにものすごく成長できることを実感してきました。

人間は弱い生き物です。「お金」や「名誉」を与えられるとそれに満足して、自らをストレッチして成長するのは難しい。そして、自分の市場価値より高い「お金」と「名誉」にしがみつくようになる。だけど、その結果、社会では通用しない存在になってしまう。だからこそ、あえて僕は、厳しい場所に身を置くようにしてきました。人間は、昨日より今日、今日より明日と成長できることこそが幸せだと思うからです。

9 仕事はしんどくて当たり前

結果が出たときの「幸せ」を知っているのがプロ

「仕事を楽しもう！」

そんな言葉を耳にすることがあります。

しかし、僕はあまり共感できません。もちろん、仕事は面白い。面白いから打ち込むことができる。しかし、「仕事を楽しもう！」という言葉がもつニュアンスと、僕の感覚はずいぶんと違います。なぜなら、仕事は厳しいものだからです。

生半可《なまはんか》な姿勢では、ユーザーに喜んでもらうことなどできるはずがありません。ユーザーのニーズからわずかでもズレないように、神経を研ぎ澄まさなければなりませんし、クオリティの高いプロダクトを生み出すためには、身を削るような努力も必要です。しかも、失敗は許されません。心理的にも肉体的にも強いストレスにさらされるのが、仕事というものです。仕事は、しんどくて当たり前なのです。

むしろ、そのしんどさを引き受けて、淡々と日々の仕事に向き合っていく。そして、その苦しい過程を経て、結果が出たときの「幸せ」の感覚を体感しているのが、本物のプロフェショナルではないかと思うのです。

僕はこれまで何度も「幸せ」な瞬間を経験することができました。よく思い出すのは、ハンゲーム・ジャパン株式会社に入ってまだ日も浅いころのことです。

ハンゲーム・ジャパン株式会社が設立されたのは2000年。当時すでに、韓国で1000万人ものユーザーを獲得していたパソコン向けオンライン・サービス「ハンゲーム」を、日本で展開するためにつくられた会社です。

オンライン・ゲームには大容量通信が欠かせませんから、ブロードバンドの整備が遅れていた日本には同様のサービスはほとんどありませんでした。いわば、まっさらな市場でした。そこに、無料でゲームを提供することでユーザーを増やし、ゲーム内の少額課金などでマネタイズするという斬新《ざんしん》なビジネスモデルを持ち込んだのです。

僕が入社したのは設立3年後。すでに100万人を超えるユーザーを獲得していましたが、収益化にはほど遠い状況でした。このビジネスモデルを成功させるには、ユーザーを増やすしかありません。そこで、ユーザー獲得のために奔走《ほんそう》しました。

ヒントになったのはテレビ。無料ゲームは、視聴者が無料で楽しむことができるテレビに近いのではないか？　テレビがいちばん盛り上がるのは生放送。であれば、リアルイベントを開催すればいい。それをネット動画で中継して、来場できない人もネット上で参加できるようにすれば盛り上がるはず……。そう考えたのです。

そこで、毎週のようにイベントを実施。ユーザーにも集客目標を公開して、友達を連れてきてくれるようにお願いしました。ユーザーも、みんなと一緒に盛り上がって楽しみたかったのでしょう。まるで、仲間のように力を貸してくれました。

そして、口コミでイベント参加者が雪だるま式に増加。当初、イベント開催時のサイトへの同時接続者は数千人でしたが、1万人、5万人と増えていったのです。悲願だった10万人を集めたときには、「パソコンの前で泣いた」と掲示板に書き込んでくれたユーザーもいました。

これは、僕も素直に嬉しかった。

なぜなら、この瞬間のために必死にやってきたからです。設立間もないベンチャー企業ですから、人手が足りない。少ない人数で、ゲームの開発からプロモーション、営業までやって、かつイベントも毎週のように実施するわけですから、毎日のように雑居ビルのワンフロアに泊まり込んで、寝る間も惜しんで働きました。「ツライな……」と思ったこともヤマほどあります。でも、だからこそ、それが報われたときには「幸せ」を感じる。それを、深く実感した経験でした。

そして、このような経験を重ねながら考えました。

この「幸せ」とは何だろう、と。

僕の結論はこうです。人は誰でも、誰かに認められたいと願っている。だから、仕事を通じて世の中の人々に喜んでもらったときに、自分の存在価値を認められたと感じる。それが「幸せ」なのです。そして、その「幸せ」のためならば、身を削る努力ができる。それが、プロフェショナルだと思うのです。

10 自分の「感性」で生きる

会社や上司に自分を合わせない

ＬＩＮＥ株式会社には「すごい人」がたくさんいます。

ヒット商品をつくり続ける「すごい人」たちです。

僕は、彼らを観察してきて、ある共通点に気づきました。みんな、自分が好きなことだけやって生きているのです。自分が「いい」と思うもの、自分が「面白い」と思うものをずっと追求している。それを「あきらめる」とか「我慢する」ということをしない。本音で生きていると言ってもいいかもしれません。だからこそ、子どものころの瑞々《みずみず》しい感性が残っているのではないかと思うのです。

これは、「いい仕事」をするうえで絶対に必要なことだと思います。

まず、本当に好きでなければ「いい仕事」はできません。

いいゲームをつくる人はゲームが好きですし、いいアプリをつくる人はアプリを愛していています。さまざまなゲームをやり尽くし、気になるアプリを片っ端からダウンロードして試す。好きでなければ、あそこまではできません。だからこそ、モノの「よしあし」がわかるようになる。いいモノのどこがよくて、悪いモノのどこが悪いかがわかるようになる。感性がどんどん磨かれていくのです。

そして、彼らは人一倍「腕」を磨こうとします。自分自身の要求水準が高いから、生半可な技術では自分を満足させることができない。だから、誰に言われるまでもなく努力するのです。

さらに、重要なことがあります。

「ユーザーの気持ちがわかる」ということです。人気のゲームをやって「面白い」と思う。その気持ちは、他のユーザーの「面白い」という気持ちと重なり合っています。なぜなら、みな同じ人間だからです。だから、ユーザーの気持ちに思いを馳《は》せながら、自分のなかの「面白い」という感性を追求すれば、それは自然とユーザーに喜ばれるものに近づいていくのです。

僕が企画の採択にあたって重視するのは、その企画に提案者の個人的な「実感」が込められているかどうかです。どんなに市場調査や売上データを並べて、「ここに大きな市場がある」と説明されても、それだけでは本当に「いいもの」がつくれるとは思えません。

もちろん、感性だけに頼ると、独りよがりのものになってしまう恐れがありますから、客観的なデータでロジカルに考えることは非常に重要です。しかし、それだけでヒットが生まれるなら誰も苦労しません。そこには、つくり手の「これが面白い」「これが必要なんだ」という、ウソ偽りのない実感がなければならないのです。

自分の感性を磨き続けている「すごい人」たちの企画には、必ずその実感が込められています。だからこそ、彼らはヒット商品をつくり続けることができるのだと思うのです。

ところが、世の中では、自分の感性を押し殺してしまう若者が増えているような気がして、僕はとても心配しています。先日も、ある社長からこんな話を聞きました。

入社試験の面接をしていると、みんな同じようなことを言う。「不思議だな……」と思っていたある日、自社のホームページを読んでいるときに、その謎が解けたそうです。みんな、そこに書いてある「会社の方針」を、さも〝自分の夢〟であるかのように語っていたのです。彼は表情を曇《くも》らせながら、「怖い時代になりましたよね……」と漏らしました。

この話に、非常に共感しました。

就職したい、上司に気に入られたい……。そんな〝目先の成功〟のために、自分の感性を押し殺してしまうのは、とても怖いことだからです。結局のところ、それは自分の本音と重なっていないから、ものすごく薄っぺらになってしまう。それでは、絶対に「いい仕事」はできません。

自分の感性で生きる。

それが、「いい仕事」をする絶対条件なのです。

11 「空気」を読まない

職場の批判よりユーザーを恐れる

空気を読まない――。

これも、「すごい人」たちの共通点です。

上司が目指している方向性が間違っていると思えば、臆《おく》することなく自分の意見を述べる。エンジニアがデザイナーの仕事に「ダメ出し」をすることもあれば、デザイナーがエンジニアに「ダメ出し」をすることもある。ときには、周囲の反対を押し切ってでも、自分が信じるプロダクトをつくり上げてしまう。自分が「違う」と思えば、空気を読まずに突き進むところがあるのです。

サッカーにたとえれば、野性的なフォワードのような存在です。

ゴールへのイメージが明確に見えたら、自分でドリブルをしてシュートを打ちにいく。逆サイドでキャプテンが「パスを回せ」とサインを送ってもお構いなし。自分の頭でゲームの全体状況を把握して、「これがベスト」だと確信する方法でゴールを狙うのです。

だから、誤解を恐れずに言えば、「すごい人」には、大企業にうまく馴染《なじ》めなかった人が多いように思います。

大企業で、上司のサインを無視して、自分の判断でシュートを放てばどうなるでしょうか？　ゴールを外したときはもちろんのこと、たとえゴールを決めても批判されます。「あいつは自分勝手だ」「あいつは使いづらい」……。周囲の人たちもその空気を敏感に察知して、彼らを遠巻きにし始めます。

それでも、彼らはプレーの仕方を変えようとはしません。

なぜなら、恐れているからです。

何を恐れているか？

ユーザーです。

ユーザーが求めているものから、ほんの「1ミリ」ズレただけでも、つくり上げたプロダクトは相手にしてもらえない。そんな、マーケットの厳しさが骨身に沁みているのです。

だから、彼らは「ユーザーが求めているものは何か？」を確信がもてるまで考え抜いて、絶対に妥協しようとはしません。もちろん、いろんな人の意見に耳を傾け、さらに自分のプロダクト・イメージを磨こうとします。しかし、職場の空気に合わせるような曖昧なことはしない。職場で批判されることよりも、ユーザーのニーズからズレることを恐れているからです。

僕は、これこそプロフェショナルだと思います。

こういう人でなければ、ずば抜けたプロダクトをつくり出すことはできません。「いいもの」をつくるために、いちばんやってはいけないのは調整です。「Aさんのアイデアと B さんのアイデアを組み合わせよう」と、「あれもこれも」と機能を付け加えて、複雑で使いづらいものを生み出してしまう。あるいは、「上司の好みに合わせよう」と、焦点のぼやけた曖昧なものを生み出してしまう。それでは、ユーザーの心をつかむことなど、できるはずがありません。

なぜ、調整が行われるのか？

職場の空気を読むことが、仕事の目的になってしまっているからです。これでは本末転倒です。会社は社員同士仲良くするためにあるのではありません。あくまで、ユーザーに喜ばれるものをつくる場所です。そのためには、職場の空気を壊すことを恐れてはならない。軋轢《あつれき》を恐れてはならないのです。

常に周囲に気を使う曖昧な人は、そこそこの仕事はできるかもしれません。しかし、「そこそこ」を超えることは絶対にできません。ずばぬけた結果を出すためには、空気を読んではならないのです。ユーザーが求めていることを、シンプルに追求する人だけが、ズバ抜けたものをつくり出すことができるのです。

12 〝専門家〟にならない

本質からズレた努力はしない

〝専門家〟になってはいけない――。

僕は、そう考えています。

もちろん、ビジネスパーソンはそれぞれ専門知識や専門技術を磨き上げなければなりません。しかし、しばしば〝専門家〟は本質を見失ってしまう。いわば、リフティングの名手のようなもの。リフティングの妙技《みょうぎ》そのものは素晴らしいのですが、ゲームが始まれば、ゴールを決められなければ意味はありません。ところが、〝専門家〟はときに、ゲーム中にリフティングを始めてしまうのです。

かつて、ハンゲーム・ジャパン株式会社時代にこんなことがありました。ゲーム市場の主役が、パソコンからフィーチャーフォンに移行しつつあったころのことです。当時、パソコンの世界ではコンピュータ・グラフィクスでつくり込んだ精《せい》緻《ち》なゲームが流行っていました。しかし、フィーチャーフォンではとてもそれと同じものを実現することはできません。データ容量が大きすぎますし、携帯電話の画面サイズでは再現不可能。だから、フィーチャーフォン向けの「手軽なゲーム」を開発する必要が生じたのです。

これに一部の社員が強く抵抗。「こんなものはゲームではない」と言うのです。その気持ちはよくわかりました。これまで、精緻なゲームづくりで実績を挙げてきた彼らにすれば、「手軽なゲーム」をつくるのは、自分のこれまでのキャリアを否定するに等しいことだからです。しかし、僕は「それは違う」と主張しました。なぜなら、彼らは本質からズレていると思ったからです。

そもそもゲームとは何でしょうか？

遊びです。人々が楽しく遊べるゲームは、よいゲーム。そう考えれば、「美しいグラフィクス」はゲームの本質ではなく、あくまでゲームの一要素に過ぎません。それにこだわることで、フィーチャーフォンで求められるゲームを開発しないのは本末転倒。「そもそも」を忘れたとき、人は誰でもこのような過ちを犯してしまうのです。

これは、僕がかつてソニーに勤めていたときにも感じたことです。

入社して配属になったのは新規事業部。テレビやモバイルをインターネットとつなぐことによって、新しいサービスを生み出すのがミッションでした。これは、僕がずっとやりたかったこと。毎日のように企画書をまとめて、テレビ事業部などに提案を重ねました。しかし、どうにも議論が噛み合いませんでした。

彼らは、テレビに関する超一流の技術者でした。ところが、彼らは「なぜ、テレビをネットにつなげなければならないのか？」「テレビとはそういうものではない」の一点張り。いわば、彼らにとってテレビとは、「電波で映像を受信する仕組み」だったのです。

しかし、テレビとはそもそもそういうものなのでしょうか？ 僕は、テレビを発明した人はそんなことを考えていなかったと思います。おそらく、彼らは「遠く離れた場所に映像を届ける技術」を開発しようとした。それが、世界中の人々のニーズでもあった。そして、そのときに使える技術が電波だった。だとすれば、電波はあくまで手段であって本質ではない。ネットとつなげれば、テレビの可能性は格段に広がるはずなのです。

ところが、人はしばしば、「今あるもの」に影響を受けてしまう。電波から受信するテレビがあれば、それがテレビだと錯覚してしまう。そして、本質からズレた努力をし始める。たとえば、テレビ業界は長年、画質の向上が至上課題でした。そして、ハイビジョンが生まれ、最近では4Kが生み出されました。そこには、最先端の専門知識がふんだんに活用されています。しかし、それは本当にテレビの本質でしょうか？　本当に人々が求めているものなのでしょうか？

だから、僕は常に、この問いかけを大切にしています。「そもそも、これは何なのか？」。ややもすれば、〝専門家〟がバカにしがちな素朴な問いかけですが、この問いかけこそが、僕をものごとの本質に立ち返らせてくれるのです。

13 「何もない」から鍛えられる

リソースが足りないからこそ、人は考える

「予算が少ないから、結果を出すことができない」

このような言い訳をする人で、仕事ができる人はいません。潤沢《じゅんたく》な予算を用意しても、彼らに結果を出すことはできない。僕はそう確信しています。

もちろん、ビジネスをするうえでは、ヒト・モノ・カネなどのリソースが欠かせません。そして、現場の社員たちに必要なリソースを用意するのは経営の責任です。しかし、常に必要なリソースのすべてを用意することができるなどということはあり得ません。リソースはいつも足りない。それが、ビジネスの現実なのです。

大切なのは、そのなかでいかに知恵を絞って結果を出すか。その試行錯誤のなかで

こそ、本物の仕事力は鍛えられます。むしろ、リソースに恵まれた環境よりも、「何もない」くらいの環境のほうが、自分を成長させることができるのです。

それを実感したのは、ハンゲーム・ジャパン株式会社に入社してからのことです。

幸か不幸か、僕は大企業でキャリアを始めました。そのなかにいると、なかなか自覚できないのですが、大企業には実に豊富なリソースがあります。そのため、仕事が非常にやりやすい。たとえばマーケティング。日本テレビにいたころは、プレスリリースを出すだけで多くのメディアが取り上げてくれました。当時は予算も豊富にありましたから、広告枠も簡単に押さえることができました。

ところが、僕が入社した当時のハンゲーム・ジャパン株式会社では、そういうわけにはいきません。マーケティングを強化したいと思ったのですが、無名の会社でしたから、プレスリリースを出してもほとんど相手にされません。もちろん、広告を出せるような予算もありません。それまでに培った僕のやり方は、ほとんど役に立たなかったのです。

とにかく知恵を出して、自ら動いて、汗をかくしかない……。

そこで、僕たちは、メディア関係者に「おっ！」と振り向いてもらえるプレスリリースのつくり方を徹底的に研究したり、友人知人にサービスを売り込んで口コミで広げていくなど、ありとあらゆることをやりました。日本テレビ時代に比べれば厖大《ぼうだい》な手間がかかりましたが、この試行錯誤のなかで僕はずいぶんと鍛えられました。

たとえば、プレスリリースのつくり方。キャッチコピーのつけ方、ボディコピーの論理構成……。そこには、人々の心に訴えるための、実に奥深いノウハウがあります。サービスの魅力を一瞬で伝える「言葉」を見つけられれば、それだけで受け手の反応は劇的に変わるのです。これは、プレスリリースを出せば取り上げてもらえた日本テレビ時代には学ぶことができなかったものでした。

それだけではありません。この経験が、新しいサービスを企画する力も鍛えてくれました。なぜなら、人々の心に刺さるキャッチコピーは、優れたサービスのコンセプトそのものだからです。多くの人々に「おっ、それは面白そうだな」と思ってもらえるコピーを考え出して、そこから逆算してサービスを設計していく。そうすれば、ヒットの確率を格段に高めることができるのです。

口コミを頼んだ友人知人からも、多くのことを学ぶことができました。サービスを体験してもらったときのリアルな反応を見ることができるからです。好反応を得られるサービスと、反応の鈍いサービスの何が違うのか？　この肌感覚の有無が、サービスの開発力を大きく左右します。企画を立てるときやサービスを構築するときに、「これで喜んでくれるかな？」とユーザーの顔を思い浮べる。ここでリアルな表情を思い浮べることができる人ほど、ニーズの高いサービスを生み出すことができるのです。

こうして、僕は、効果的なマーケティングの方法をゼロベースで模索することによって、その本質的なノウハウを学ぶことができたうえに、サービスの企画力も磨くことができました。リソースが不足していたからこそ力をつけることができたのです。

だから、僕はこう考えています。

リソースに恵まれた環境にいることは、必ずしも喜ばしいことではない、と。むしろ、「何もない」という状況でこそ大きく成長できる。そして、試行錯誤を繰り返すなかで、「リソースが足りなくても成功できる」という確信を得ることができる。その確信こそが、ビジネスパーソンの自信の源になるのです。

14 「確信」がもてるまで考え抜く

考え抜いた末の失敗は、成功のもととなる

「失敗してもいいから、挑戦しよう」

よく耳にする言葉です。しかし、僕はこれまで自分の仕事に対して「失敗してもいい」と考えたことはありません。たしかに、人生における最大の失敗は、失敗を恐れて何も挑戦しないことです。しかし、だからと言って、「失敗してもいい」というのはあまりにも無責任だと思うのです。

ユーザーは貴重なお金と時間を使って、商品やサービスを使ってくださるのです。にもかかわらず、「失敗したっていい」などというのは失礼ではないでしょうか？

それに、そのプロダクトをつくるために投資をした人もいる。そのような無責任な姿

勢で仕事に向き合うのは、プロフェショナルとして許されないと僕は思っています。

ＬＩＮＥ株式会社の「すごい人」たちも同じ感覚で仕事に向き合っています。彼らには、「失敗してもいい」などという甘えは一切ない。むしろ、自分に対しても他者に対しても、失敗には厳しい。自由な社風ですが、生半可な気持ちで仕事ができるような「ユルさ」はみじんもありません。

もちろん、この世に約束された成功など存在しません。

何事もやってみなければ成功するかどうかはわからない。新商品は常に賭け。「絶対に成功する」などということはありえない。それは、僕自身、骨身に沁みてわかっています。だからこそ、成功するために安易な妥協はしない。そして、「絶対に成功する」という確信がもてるまで、ありとあらゆる努力をする。それが、「すごい人」たちに共通する姿勢なのです。

だから、僕がリーダーを務めるプロジェクトでは、企画を徹底的に叩きました。

多くの企画は、直感から始まります。「これが面白いんじゃないか？」「こんなものがあったら便利ではないか？」……。こうした直感力がなければ、いいプロダクトを生み出すことはできません。

しかし、直感だけでは危なっかしい。ただの思いつきかもしれないし、独りよがりなものかもしれない。それに、自分の直感に確信をもてるのはよほどの天才だけ。誰だって内心は不安なのです。だからこそ、叩く。あらゆる角度からツッコミを入れる。それで説明がグラつくようならば、企画は突き返されます。そして、さらに企画をロジカルに考え抜くように求めるのです。

市場調査でユーザーのニーズを把握するのはもちろん、類似商品をマッピングすることで、「その企画」がどんなニーズを満たそうとしているのかを明確にする。そのマーケットの歴史を俯瞰《ふかん》して、いまなぜ「その企画」が必要なのかを明らかにする。ありとあらゆることを考えさせるのです。

何度も、企画を突き返すこともあります。結果的にボツになるものもヤマのようにあります。しかし、このプロセスを経ることによって、直感がロジックに裏付けられたときに確信は生まれます。成功のイメージが明確に描けるようになる。その確信を本人がもてたときに、はじめてゴーサインを出すのです。

もちろん、それでも失敗はします。

そのときは仕方がない。僕は、一切言い訳は聞きません。そうすることに、意味がないからです。それよりも、失敗を活かすことが大事。ここで、ロジカルに考え抜いたことが活きる。なぜなら、失敗を検証することができるからです。

商品開発は釣りにたとえられます。洋上に船を浮かべる。ぐるりと360度、どこに魚群《ぎょぐん》（ニーズ）がいるかを考えて糸を垂らす。魚群にヒットすれば、その商品は成功というわけです。ところが、直感に頼った商品開発は、いわば、あてずっぽうに糸を垂らすようなもの。これでは、失敗したときに検証のしようがありません。

一方、ロジカルな商品開発とは、「この90度のなかに魚群がいるのではないか」と仮説を立てること。そこでなんらかの手応えがあれば、さらに45度に絞って考えればいい。こうして角度を絞り込んでいけば、いつか必ず成功することができるのです。

重要なのは、仮説の精度。

つまり、確信がもてるまで考え抜くことなのです。

そして、このサイクルを速く回すこと。

それが、その人の成長速度を決めるのです。

15 「不安」を楽しむ

未来が不確実だからこそ、可能性は無限大

人生には「まっすぐな道」がある――。

若いころ、僕はそう思っていました。

いい大学を出て、いい会社に入って、真面目に仕事をすれば、出世もして、給料も増えて、子どもも成長して、幸せな老後が待っている。そんな「まっすぐな道」があると思っていたのです。世間一般で信じられていることを、なんとなく信じていたのでしょう。そして、その「まっすぐな道」から外れるのは、少々怖かった。

しかし、僕は途中で、その「まっすぐな道」を捨てて生きてきました。自分がやりたいことを追求して生きていきたいと思ったからです。道なき道を行くのは、決して

ラクではありませんでしたが、世の中に少しでも価値を提供できるように、一日一日を懸命に生きることで、なんとかここまでやってくることができました。

そして、今はこう確信しています。

明日のことすらわからないのが、人間にとって普通のことなんだ、と。

かつての僕が思い描いていたような「まっすぐな道」など、ただの幻想。むしろ、未来はわからないと思って生きないと危険です。特に、現代のように変化の激しい時代には、「いつ何が起きるかわからない」と常に緊張感をもっていなければならない。だからこそ、感性が研ぎ澄まされていく。変化に備えて準備をする。そして、変化が起きたときには、機敏に対応する。そんな野性的な生命力が養われるのです。逆に、「まっすぐな道」を信じたり、誰かが未来を教えてくれると期待して、その現実と向き合わずに、日々を漠然と生きるのがいちばん危ないのです。

いわば、人間は世界に放り出されているようなもの。そこに、決まった道などありません。人間は、どこまでも自由なのだと思います。すべては、自分が決めること。どんな仕事をするか、仕事とどう向き合うか、どんな会社で働くか、何を大切にして生きるか……。その選択で、人生は決まっていくのだと思うのです。

もちろん、常に不安です。

でも、それがこの世の現実なのだから、むしろ、その不安を楽しんだほうがいい。未来がわからないからこそ、可能性が無限大にあると考える。そして、その可能性に自分を賭けていく。そのような生き方が大事なのだと思います。

世の中には、100％いいものはありません。どんなものにも、いい面と悪い面がある。大事なのは、そのいい面を見て、ものごとをポジティブに考えることではないでしょうか。たしかに、「未来がわからないこと」「変化が激しいこと」にはネガティブな側面があります。しかし、「将来が不安だから挑戦しない」「変化が速いからついていけない」などと考えても、何も価値あるものを生み出すことはできません。むしろ、「未来がわからないからこそ可能性がある」「変化が激しいからこそチャンスがある」と考えて、積極的に生きたほうがいいと思うのです。

僕の幸運は、ＬＩＮＥ株式会社に、そういう人ばかりが集まったことです。

これまで、僕たちは浮き沈みを経験してきました。かつてハンゲーム・ジャパン株式会社で、僕たちはオンライン・ゲームで日本ナンバーワンになることに成功しましたが、いい時期は長くは続きませんでした。フィーチャーフォンの登場という変化への対応を間違えたこともあって、その後しばらくは苦戦。思うようにいかずに、部下とともに声を上げて泣いたこともありました。

その間、会社を去った人もいました。しかし、残った人はみんな徹底的にポジティブでした。むしろ、インターネットの世界の激しい変化を楽しんでいた。なぜなら、ナンバーワンをひっくり返すような大きな波が来ないかぎり、いつまでも底辺だからです。大きな波が来たときこそチャンスであり、それが頻繁《ひんぱん》に来るということはチャンスが無限大にあるということ。そのチャンスに賭けられるように、日々、自分を磨く。僕の周りには、そういう人しか残りませんでした。

だからこそ、社員たちはスマートフォンの登場をチャンスととらえて、果敢《かかん》にチャレンジすることができた。そして、LINEを生み出すことができたのです。

未来が不確実だからこそ、可能性は無限大にある――。

これを信じることができるかどうか。

それが、成功できるかどうかを分けるのだと思います。

第3章

「成功」は捨て続ける

16 会社を「動物園」にしない

結果を出した人が報われる会社にする

ハンゲーム・ジャパン株式会社に入社して4年後——。

僕は社長を任されることになりました。当時、僕はひそかに危機感を抱いていました。というのは、入社したころと会社の状況が一変していたからです。

僕が入社したころは約30人の赤字会社でした。だから、みんなが必死になって働いていました。そして、わずか4年で日本のオンライン・ゲーム市場でナンバーワンになったのです。

そこで、何が起こったか？

みんなが、幸せになってしまった。給料が増えて、結婚をして、子どもをつくり、家を買い、そして早く帰るようになった。もちろん、それはいいことです。しかし、僕は「危ない」と思いました。なぜなら、年功序列的な給与制度だったからです。

このまま会社に残れば、エスカレーターのように自動的に上がっていける。そう考えた人たちは、かつてユーザーに認められようと目をギラギラさせながら働いていた野性的な姿が失われ、牙《きば》を抜かれたようになってしまった。まさに「動物園状態」が生まれつつあったのです。

やっぱり、人間は弱い……。

そう思わずにはいられませんでした。人は一度幸せになると、それ以上を求めなくなる。自分の身を削ってまでユーザーに尽くそうと思う人はほとんどいないのです。

もちろん、競争のない社会であれば、それでもいいのかもしれません。手にした成功を守り続けることさえできれば、幸せのままでいられるのかもしれない。しかし、ネット業界は変化のスピードが速く、競争も激しい。常に、新しい「価値」をつくり続けなければ、あっという間にユーザーに見放されてしまいます。

この世の中は、求める者と与える者のエコシステムです。だから、ユーザーに喜んでもらった結果、会社が潤《うるお》い、社員も豊かになるという循環を回し続けることがいちばん大事。会社を「動物園」にしてはならないのです。動物園に安住して、エコシステムに適合できなくなったときに幸せは簡単に失われてしまいます。幸せの先に幸せはないのです。

それだけではありません。

より深刻な問題も顕在化《けんざいか》し始めていました。

年功序列ですから、新しく入ったというだけで、ものすごく仕事ができて会社に貢献してくれる社員が、たいして仕事をしない古参社員《こさんしゃいん》よりも給料が低いことになる。これを疑問に思わない人はいません。しかも、なかには、自分の地位を脅《おびや》かす者として、新しい社員を攻撃し始めるような人もいました。これは、おかしい。だから、僕はあるとき、こう宣言したのです。

「全社員の給料をリセットすることにしました。これからは成果を出し、ユーザーに大きな価値を提供している人から優先的に給料を支払います」

これまでの給料や肩書きをすべて白紙に戻し、全社員を査定し直して、給料の配分を変えることにしたのです。

もちろん、反対する社員が続出。社内は大騒ぎになりました。

しかし、僕は聞く耳をもちませんでした。なぜなら、大声で反対していたのは、働きに比べて給料をもらい過ぎている人だけだったからです。しかも、それは単なる感情論。論理的な話は通じないのですから、議論する必要はないと判断しました。

結局、反対していた人たちの多くは退職を選択。しかし、人員補充は行いませんでした。そのかわりに、辞めた人たちの給料を、結果を出している社員たちに配分していきました。これだけで、がんばっている社員たちの士気はおおいに上がったものです。そして、「本当にできる人が報われる会社にする」というシンプルな方針を、全社員に浸透させることができたのです。

17 「成功」は捨て続ける

自分の市場価値を高める唯一の方法

年功序列的な人事制度の廃止――。

これが、僕が社長になって最初に打ち出した方針でした。

人間は弱い。会社に長くいるというだけで報われる仕組みでは、ユーザーのために身を削るように努力することはできない。だから、在籍年数にかかわらず、ユーザーに大きな価値を提供している人から優先的に給料を支払う仕組みに移行したわけです。

ただ、それだけでは足りませんでした。

なぜなら、企業は常に新しい価値をつくり続けなければならないからです。

過去の企業の盛衰《せいすい》を研究すれば、シンプルな法則があることに気づきます。同じことをやり続けている企業が衰えていく、ということです。とりわけ、インターネット業界はプロダクトのコピーが容易な世界だからなおさらです。同じことをやっていれば、すぐにライバルが追随《ついずい》してきて陳腐《ちんぷ》なものになってしまう。だから常に新しい価値をつくり続ける遺伝子をもたなければ、生き残ることができないのです。

そこで、僕は、NHN Japan株式会社（ハンゲーム・ジャパン株式会社の後継会社で、LINE株式会社の前身）だった2009年に、新しいプロダクトを生み出すクリエイティブな仕事と、成功したプロダクトを磨きあげるオペレーションの仕事を切り分けることにしました。

重要なのは、クリエイティブな能力を発揮してヒット商品を生み出した後は、オペレーション部門に引き継いでもらうということ。誰でも、自分が生み出した成功には愛着があります。自分の手でもっと磨き上げたいと思う。他人に手渡すのが悔しいような気がするのです。しかし、それを手放してもらう。そして、また新たな価値の創造に向かってもらう。つまり、成功を捨て続けるということ。これを会社の文化にすることに、この決断の狙いはあったのです。

これは、厳しい道です。

しかし、成功を捨て続けることが、その人の成長につながると僕は考えています。新しいことに挑戦すれば、当然、失敗のリスクは高まります。だからこそ、過去の成功にしがみついてしまう。「守り」に入ってしまうのです。そして、同じことをやり続けることに執着《しゅうちゃく》し始める。しかし、その間にも、新しい技術は次々と生み出され、ユーザーのニーズも変化し続けます。気づいたときには、時代に取り残されてしまうのです。

だから、成功は捨て続けたほうがいい。たとえ厳しくとも、常に新しい価値を生み出すことに挑戦し続けたほうがいいのです。それが、その人の「市場価値」を高め続ける唯一の方法です。

もちろん、誰しも、「成功し続けられるだろうか?」と不安になります。しかも、新しいことであればあるほど、失敗する可能性は高まる。そこで、心が折れそうになることもあるでしょう。しかし、あきらめずに努力を重ねて、何度か成功することができれば、確信がもてるようになってくる。そのとき、はじめて本当に優秀な人になることができるのです。

そして、そんな人が主導権を握る会社は強い。

なぜなら、「守る人」が力をもたないからです。

過去の成功を守る人が権力をもつ会社では、その成功を壊すような新しいことを実現するのはきわめて難しい。その証拠が「新規事業部門」の存在。そもそも、なぜ「新規事業部門」を設けなければならないのか？　それは、既存部門が新しいことに挑戦しようとしないからです。しかも、彼らが力をもっている。だから、「新規事業部門」に相当の権威をもたせなければ、潰されてしまうのです。そんなケースが非常に多いのではないでしょうか？

むしろ、重要なのは、最も優秀な社員が常に「新しい価値」を生み出すような企業文化をつくり上げることです。成功は捨て続ける。守りに入らない。そんなシンプルな信条をもつ社員をエンパワメントし続ける。それが、本当の意味で強い会社をつくる方法だと思うのです。

18

「率直」にモノを言う

曖昧な表現が仕事をダメにする

LINE株式会社では、率直にモノを言う企業文化を醸成《じょうせい》してきました。厳しいことでも、遠慮せずはっきりと伝える。「その企画はつまらないと思う」「このアプリは、のびたラーメンみたいだね」……。もちろん、その根拠もきちんと説明します。そのうえで、伝えるべきことを誤解のないように明確に伝える。そんなシンプルなコミュニケーションを推奨《すいしょう》してきたのです。

これには理由があります。

LINE株式会社では、世界で戦うために日本人以外のさまざまな国籍のスタッフが働いています。ところが、当初、そのために社内のコミュニケーションが必ずしもうまくいかなかったのです。

日本人には、相手の気持ちをおもんばかるばかりに遠回しに表現したり、本音をほのめかすようなコミュニケーションをとる傾向があります。これは、日本文化のよい面ではあります。しかし、外国人とのコミュニケーションにおいては問題を引き起こします。なぜなら、彼らには、日本語の微妙なニュアンスがわからないからです。

たとえば、「いいと思うんだけど、ちょっとね……」などという表現。日本人ならば、「ちょっと問題があるんだな」と察することができるでしょう。しかし、外国人にすれば、「いいの？」「ダメなの？」とよくわからない。あるいは、「この方向でいいということだな」と誤解をすることもある。その誤解に基づいて仕事を進めて、最終的に「ダメ出し」をすれば、「嘘つき」と思われてしまうこともあります。

だから、意識して率直にモノを言う必要があったのです。

これが、日本人にとってもよかった。

お互いの真意が明確にわかるので、意思疎通《いしそつう》に齟齬《そご》が生まれない。誤解や勘違いに基づいて仕事を進めて、後でやり直すようなムダもなくなる。相手の真意を探り合うような手間もストレスもなくなる。結果的に、仕事が格段にスムースに回るようになったのです。ビジネスはスピードが命。そのためには、相手の気持ちを考えて曖昧な表現をするよりも、自分の意思を明確に伝える訓練をしたほうがいいのです。

部下指導もそうです。

世の中には、「褒めて育てる」「やる気を育てる」などといったメソッドが溢《あふ》れています。たしかに、それは理想です。だけど、非常に難易度が高い。

だから、僕は経験の浅いマネジャーには、そんな難しいことを考えずに、部下に思ったことを率直に伝えたほうがいいと勧めてきました。実力の足りない人をヘタに持ち上げると、「自分はデキる」と勘違いさせてしまうだけ。その結果、真剣な努力をしないままダメになっていく人をたくさん見てきました。ヘタな情けは、人を潰《つぶ》してしまうのです。

それよりも、「実力が足りない」とはっきりと伝えたほうがいい。部下は落ち込むかもしれません。だけど、実際に実力が足りないのだから、それは仕方がありません。

むしろ、それをバネに成長しようとがんばる人でなければ、絶対に一人前にはなれません。であれば、多少厳しくても、現実に直面させるのが本当の優しさではないでしょうか？

そもそも、なぜ、相手を傷付けたくないのでしょうか？

僕は、実は自分が傷付きたくないからではないか、と思うことがあります。相手を傷付けて、自分が悪く思われたくない。相手と衝突《しょうとつ》するのを避けたい。それが本当の動機だとすれば、それは違うと思うのです。

大切なのは、目的です。

「ユーザーに喜ばれるものをつくりたい」

「部下に成長してほしい」

そうした正しい目的を達成するために必要なことであれば、自分がどう思われようが、率直に相手に伝える。それこそが、ビジネスパーソンとして本当の意味で真摯《しんし》な姿勢ではないかと思います。

19 優秀な人ほど「喧嘩」をしない

「勝ち負け」にこだわるのはダメな人

率直に伝える企業文化――。

僕は、これをいろんなところでお薦めしています。

すると、必ず質問されることがあります。

「社内で衝突が増えてたいへんではないですか？」

もっともな質問だと思います。実際、率直にモノを言うようになった当初、社内ではしょっちゅう喧嘩《けんか》が起きました。社員はみな、それぞれ自分の「腕」に覚えがある者ばかり。「そのやり方は違う」「こんなクオリティじゃダメだ」……。そんな小競《こぜ》り合《あ》いが頻発《ひんぱつ》したものです。

だけど、僕たちはそれを放置。あえて、とりなそうとはしませんでした。なぜなら、お互い納得もしていないのに、なんとなく丸く収めることに意味があるとは思えなかったからです。

そのうち、面白いことを発見しました。

優秀な人ほど喧嘩をしないのです。

彼らも人間です。カチンとくることを言われると腹を立てる。だから、喧嘩になる。だけど、すぐに気づきます。彼らは「いいもの」がつくりたいと思って働いていますから、喧嘩している時間がもったいない。そんなことに時間を使うのが、バカバカしいことに気づくのです。

そして、喧嘩をやめて議論を始めます。どちらの意見がユーザーのためになるか？判断基準はこの一点。自分の意見と相手の意見をぶつけ合い、より説得力のあるほうを受け入れる。あるいは、両者の意見を戦わせることで、よりよいアイデアを生み出す。そして、自分が納得する結論を得たら、その結論をもとに全力を尽くす。そんな、建設的な議論を始めるのです。

一方で、いつまでも喧嘩を続ける人もいます。

「勝敗」がつくまで一歩も譲らない。「自分が正しい」ということを相手が認めるまで、喧嘩を続けるのです。

なぜ、そうなるのか？　僕は、じっと観察しました。そして、わかったのです。要するに、彼らは自分のために戦っている。「自分の正しさ」を守るために、相手を攻撃してやまないのです。決して、ユーザーのために戦っているわけではない。結局のところ、彼らは「いいもの」をつくりたいとは思っていない、ということ。もっと言えば、自分のために働いているのです。

だから、優秀な人たちは、「自分の正しさ」に固執《こしつ》する人を相手にしなくなります。「いいもの」をつくりたいと思っていない人といくらぶつかり合っても、そこに生まれるのはつまらない「勝ち負け」だけ。何も価値あるものが生まれないからです。そして、「いいもの」をつくりたい者だけが集まって、優れたプロダクトをつくり出すようになるのです。

こうして、社内で自然淘汰《しぜんとうた》が始まりました。

喧嘩をする人は、自分のために働くのをやめるか、会社を去るか。自然と、その選択を迫られるようになったのです。

いまでも、ＬＩＮＥ株式会社に新しく入った人は少々驚くそうです。社員同士が、本音をオブラートに包むことなく議論を交わしているからです。しかし、それは喧嘩とはまったく異なります。たとえ、厳しい意見を投げつけられても、それは自分を攻撃しているのではない。ユーザーのために真剣に「答え」を探しているのです。そこにあるのは、お互いに「いいもの」をつくるために働いているという信頼感。この信頼感がベースにあるからこそ、率直にモノを言う文化が有効に機能する。よりよいプロダクトを生み出す原動力となるのです。

逆に言えば、そのような信頼関係のない会社で、率直にモノを言う文化を推進しようとするのは非常に危険です。なぜなら、自分のために働く者同士が潰し合いを始めるからです。結局のところ、問われているのは、その会社に集まった人々が「何のために働いているのか？」ということ。すなわち、「どんな会社なのか？」ということなのです。

20 「人事評価」はシンプルがベスト

複雑にすればするほど、不満が高まる

LINE株式会社の人事評価はきわめてシンプルです。

いわゆる360度評価。社員一人ひとりが、それぞれの上司、同僚、部下から多角的な基準で評価してもらいます。そして、「いなくてもいい」と評価された人には、改善を求める。そんなシンプルな仕組みを採用しているのです。

実は、LINEが生まれる以前は、非常に複雑な人事評価システムを採用していました。何十個も評価項目があって5段階で自己評価する。それを上司が再評価して、合計点を出す。そして、部下と面談して評価結果を伝える……。人事評価への不満が

社内の士気に大きな影響を与えると考えて、そのような精緻《せいち》な評価システムを採用したわけです。

ところが、これが非常に評判が悪かった。

まず第一に厖大《ぼうだい》な手間がかかります。

現場の社員も何十項目もの評価票に記入するのでたいへんですが、何よりマネジメント層に負荷がかかる。部署によっては、1ヶ月間くらい人事評価にかかりきりになる上司もいました。

しかも、社員の満足度が低い。「この項目は1だけど、この項目は3だ。トータルでいくつだから、がんばりたまえ」などと言われても、ちっともピンときません。具体的にどうすればいいのか、わからないわけです。

さらに厄介《やっかい》なのは、この評価システムを攻略（ハック）しようとする社員の存在です。たとえば、たいして仕事には打ち込まないけれど、やたらと上司とお酒を飲みにいく人がいます。すると、上司も「コミュニケーション力」の項目を高評価にしてしまうわけです。一方、真剣に仕事に向き合って結果も出しているけれど、〝飲み〟の付き合いをしない社員の「コミュニケーション力」は低い評価になる。

そんな評価に納得できる人はいません。

複雑な評価システムにすればするほど攻略法は増えますから、逆に結果を出している社員の不満は高まるという本末転倒な状況が生まれるわけです。


まさに悪循環。

厖大《ぼうだい》な時間を費やして、不満を生み出すシステムだったのです。

だから、僕たちは考えました。

「そもそも、評価って何だ？」と。

考えてみれば、僕たちは日々周囲の人々に評価されています。頼りになると思われていれば、あれこれ声もかかるし、相談ももちかけられます。逆に、誰からも声がかからなければ、評価されていないということです。

LINE株式会社は常に率直にモノを言う組織文化ですから、評価していない人に対して、さも評価しているような言葉はかけません。はっきりしているのです。だったら、人事評価でもそれをシンプルに伝えればいいんじゃないか？　それで、生み出されたのが、現在の人事評価システムなのです。

もちろん、「いなくてもいい」と評価されればショックを受ける人もいるでしょう。しかし、本来は、日ごろからそれを感じ取って、自らを成長させるべく努力をしていなければおかしいのです。もしも、それに気づいていなかったのならば、人事評価を機にはっきりとそれを伝える。そして、奮起してもらうことこそが、その人のためになるのではないでしょうか？

21 会社は「学校」ではない

「主体性」を教育することは不可能

会社は学校ではない——。

当たり前のことです。

会社は仕事をする場所であって、教育機関ではありません。

だから、ＬＩＮＥ株式会社では教育・研修などは行っていません。入社面接で、「どのような研修制度がありますか？」などと質問をされると、「この人は大丈夫かな？」と不安になったものです。

実は、以前、ＮＨＮ Ｊａｐａｎ株式会社で教育研修制度を設けていた時期がありました。社員のスキル向上のために、非常に充実したプログラムを用意したのです。

ところが、すぐにバカバカしいことに気づきました。

というのは、やる気のある社員は来るけれど、やる気のない社員は来なかったからです。「せっかくやっているのだから……」と、やる気のない人を無理やり参加させても成果は上がりません。身が入ってないのだから当然です。

逆に、やる気のある人は、自分に必要だと思えば、勝手に勉強を始めます。上司に聞いたり、本を読んだり、学校に通ったり……。だったら、そのような自発的な学習を、会社が資金面でサポートしたほうがいい。そう結論づけたのです。


そもそも、僕は「教育」という言葉があまり好きではありません。

なぜなら、「教育を受ける」というように、そこにあるのは「受け身」の姿勢だからです。もちろん、子どものころは生きていくうえで最低限必要な知識や教養を教育される必要があるでしょう。

しかし、社会人になってから「教育を受ける」という意識でいることが理解できない。会社に入るのは、その会社で何か実現したいことがあるからです。僕たちは、その「想い」に共感できる人だけを採用してきたつもりです。だから、「勉強したい」「成長したい」「学びたい」という主体性があるのが当たり前。「受け身」でいること自体が不思議なのです。

仕事は与えられるものではなく、自らつくり出すものです。つまり、すべての根底には主体性があるということ。主体性がなければ、絶対にいい仕事はできないし、活躍することもできません。会社に「教育」を求める人は、その時点で問題があると思うのです。

しかも、そういう人に限って、こんなことを言い出します。

「成長できないのは、会社が教育しないからだ」

これは、「教育」を言い訳にしているだけ。

こんな言い訳を許さないためにも、できるだけ会社は「教育」という言葉を使わないほうがいいと、僕は考えています。

むしろ、こういう人たちにとっては、「教育」こそが害悪となるのではないでしょうか？　なぜなら、「主体的になること」を教育することはできないからです。

それよりも、

「自分には足りないものがある」

「このままでは誰にも必要とされない」

と気づくまで放置したほうがいい。

それに気づいたときはじめて、人は真剣に学び始めるからです。

それ以外に、主体性を身につける方法はないのではないでしょうか？

22 「モチベーション」は上げない

やる気のない人はプロ失格

部下のモチベーションを上げる――。

それが上司の重要な役割だと、よく言われます。

しかし、僕ははなはだ疑問です。なぜなら、企業はプロフェショナルを採用しているからです。会社や上司にモチベーションを上げてもらわなければならない人は、プロとして失格だと思うのです。むしろ、このようなことが常識のように語られるのは、社会全体が幼稚化している証拠ではないかと感じています。

自ら学ぼう、自ら行動しようという気持ちのない人が、責任ある仕事をできるはずがありませんし、ましてや新しいものを生み出すことなどできません。会社とは、やる気のある人たちが集まって、ときにはぶつかり合いながらも「いいもの」を世に送り出すのが本来の姿だと思うのです。

もちろん、情熱を注いでいる仕事で結果を出すことができず、プロジェクト・リーダーから外されたり、プロジェクトそのものが中止されたときなどには、誰だって一時的にはモチベーションが下がることはあるでしょう。

僕も、これまで会社にとって必要だと判断したときは、リーダーの降格やプロジェクトの中止を社員に伝えてきました。このようなときに、相手を納得させるテクニックなどありません。経営の「想い」を誠心誠意伝える。そして、新しいチャレンジをすることの重要性を本気で説く。そうして、社員たちと真摯《しんし》に向きあう以外にありません。

それでも、彼らのモチベーションが失われるというのならば、それはやむを得ない。ビジネスは結果がすべて。社員のモチベーションに配慮するという理由で、結果が出ないプロジェクトを継続することはできません。結果を出せていないプロジェクトから外されただけでモチベーションが下がるというのは、そもそもその人は本当の意味でプロフェショナルではないと判断せざるをえない。厳しいようですが、それがビジネスの現実だと思います。

それだけではありません。

さらに問題なのは、モチベーションを上げてもらおうという人が、優秀な人たちの足を引っ張ることです。

大企業の人から、管理職が疲れているという話をよく耳にします。部下の教育や評価もしなければならない、山のような決裁書類が回ってくる、経営層への報告書も書かなくてはならない。そのうえ、部下のモチベーションまで上げなければならない。そんなユーザーとは関係のない雑務に追い回されて、家に持ち帰って仕事をするような状況が続けば、誰だって疲れ切るでしょう。そして、「ユーザーのために」という志をあきらめてしまう。これは、優秀な人の使い方を誤っているとしか思えません。

企業の主力となる優秀な管理職に、モチベーションを上げる必要がある部下をつけるのが生産的なことでしょうか？　企業にとっても管理コストの上昇を招くだけです。

そもそも、そういう社員を抱えていることに、問題の本質があるのではないかと思うのです。

いい成果を生み出すためには、優秀な人が余計なことに惑わされず、速いスピードで動ける環境が大事です。であれば、価値を生み出さないばかりか、優秀な人の足を引っ張るモチベーションの低い社員は必要ない、という結論になるのが当然だと思うのです。


だから、僕は、社員のモチベーションを上げる必要はないと考えています。

それは、会社や上司の問題ではなく、社員一人ひとりの問題です。

そもそも、サバンナの野生動物が「最近、モチベーションが上がらなくて……」などと考えるでしょうか？　考えるはずがない。彼らは、ただひたすら必死で生きている。会社で働くのも、それと同じではないでしょうか？

第4章

「偉い人」はいらない

23 「偉い人」はいらない

本物のリーダーは、自分の夢で人を動かす

社長は偉くない――。

僕は、そう考えています。別に、宣言したわけではありませんが、みんなもそう思っていたはずです。僕が社内を歩いていても気づかない人もいたし、挨拶されるわけでもない。でも、それで何も困りません。

僕は、事業がうまくいっている部門については基本的に口をはさまない主義です。なぜなら、うまくいっているときは、口をはさむよりもその組織をエンパワメントするほうがスピードも早くなり事業もうまくいくからです。とはいえ、うまくいっている部門に関しても、たまに現場のことで素朴な疑問が浮かぶことがあります。そんなと

きは、LINEで「どうして、そうするの？」などとメッセージを送るのですが、「ちょっと今忙しいんで、あとでお願いします」とスルーされたことも何度もあります。でも、それくらいでいいと思っています。むしろ、僕が何かを言うことで右往左往されるほうが、よほど不安になります。

だいたい、LINE株式会社は「いいものをつくりたい」という人が多く集まっていますから、「偉い人」はむしろ邪魔にされるだけです。彼らが興味あるのは「偉い人」ではなく「すごい人」。自分よりも「いいもの」をつくり続けている人です。

社長が「いいもの」をつくっているのなら話は別ですが、そうでなければ基本的に社長には興味がない。僕も若いころは、「社長がエラそうだと、やりにくいんだろうな……」と思ったものです。むしろ、尖《とが》っている人は権威が嫌いです。だから、もしも僕がエラそうにしていたら、優秀な人から順にどんどん辞めていったような気がします。

そもそも、疑問があります。

「偉い人」であることに、どんな意味があるのかよくわからないのです。

「偉い人」とはどういう人物か？　権限、権力、権威などの力を背景に人を動かす人物です。だけど、それが本質的な意味でのリーダーシップとはとても思えません。

なぜなら、部下は仕方なく従っているだけだからです。それでチームの能力が引き出されるはずがありません。しかも、みんなに「言い訳」を与えてしまう。「社長がそう言ったから」「役員会でそう決まったから」……。そんな意識では、プロの仕事はできません。

では、リーダーシップとは何か？

僕は、リーダーとは「夢」を語る人だと思います。

「ユーザーはこんなものを求めている。だから、それを実現しよう」「ユーザーにこんな価値を届けよう」と語りかける。問題は、そこに、周囲の人たちの共感を集めるだけの説得力と情熱があるかどうか。あるいは覚悟かもしれない。「自分ひとりででもやり遂げる」。そんな覚悟が、みんなの共感を集め、「夢」を実現するひとつのチームを生み出すこともあります。

そのチームを動かすエンジンとなるのは、「夢」に共感するメンバーの自発性です。彼らは、「偉い人」の指示に従うのではなく、「夢」の実現のためにそれぞれの領域でもてる能力を存分に発揮しようとします。そして、そんな自立したメンバーの先頭を切ってチームをリードできる人こそが、本当のリーダーだと思うのです。

だから、リーダーシップを身につけるには、必ずしも「偉い人」になる必要はありません。もちろん、権限が不要だと言いたいわけではありません。組織運営上、権限は不可欠です。ただ、権限を背景に人を動かすのはリーダーの本質ではない。自分の「夢」で人が動かせるかどうか。その一点が、リーダーシップの本質なのです。

そして、そんなリーダーシップをもつ社員が多い会社が強いのだと思います。だから、まず、社長である僕が「偉い人」にならないことが、大事だと考えてきました。

むしろ、「偉い人」になると危ない。

もし社長が権力や権限に安住してしまい、世の中の動きやユーザーのニーズ、また現場の最前線でユーザーと対峙《たいじ》しているメンバーの意見をないがしろにして、会社を誤った方向に導いてしまったとしたら……。想像するだけで、恐ろしいことです。

24 「統制」はいらない

現場こそが最高の意思決定者

現場がフルスピードで走っている――。

そのときに、リーダーに求められることは何か？

的確かつスピーディな意思決定です。リーダーの意思決定が遅ければ、現場は仕事を中断せざるを得ず、不要なフラストレーションをため込んでしまうでしょう。しかも、意思決定が的確でなければ組織全体が「道」を誤ることになります。

では、的確かつスピーディな意思決定をするには、どうすればいいか？

僕の答えはシンプルです。「数」を絞ればいいのです。

僕は、意思決定には二つあると考えています。

自分で決める。そして、「決める人」を決める。この二つです。

LINE株式会社にはさまざまな事業領域があります。僕は凡人ですから、そのすべてに精通することなどとてもできません。にもかかわらず、すべての意思決定をしようとすれば、「クオリティ」「スピード」ともに劣化するに決まっています。だから、自分で決めることは最小限に絞り込む。社長にしかできない意思決定に集中するほうがいいと思うのです。

そして、「決める人」を決める。その事業領域について、僕より強い人に権限を委譲して、すべての意思決定を一任するのです。誰に任せるのか？　これこそが、リーダーの最も重要な意思決定だと考えているのです。

そもそも、意思決定はできるだけ現場に近いところで行ったほうがいい。

なぜなら、彼らこそユーザーに最も近いからです。ユーザー・ターゲットに近い感性をもち、常にユーザーの気持ちを考えている彼らこそ、最高の意思決定者であるに決まっています。

そこに、ユーザーから遠く離れた社長がしゃしゃり出ても意味がありません。たとえば、僕ももう「おじさん」です。女子高生向けのサービスのデザインについて、「この赤はちょっと違うんじゃないかな?」と言っても邪魔なだけです。現場も「やってられない」となってしまう。

それよりも、現場に権限を渡す。そして、自由に思う存分やってもらう。もちろん、自由には責任が伴いますから、結果責任は取ってもらわなければなりません。自由だけどシビア。それが現実です。しかし、だからこそ仕事にも「熱」がこもるというものです。

これは、戦略的にも正しい。

興味深い話を耳にしました。近年、軍隊の指揮命令のあり方が大きく変わっているそうです。かつては、世界中の軍隊が厳格な中央統制を採用していましたが、近年は現場に権限移譲するようになっているのです。理由は明確。ゲリラ戦、局地戦がメインになっているからです。戦場ごとに事情はまったく異なります。だから、中央統制ではとても対応しきれないのです。

これは、現代のビジネスにも当てはまるのではないでしょうか？

なぜなら、ユーザーのニーズが多様化しているからです。いわば、事業領域ごと、プロダクトごとに局地戦を戦っているようなもの。それぞれ、ユーザーが異なり、ニーズも異なる。当然、作り手に求められる感性もそれぞれ異なります。であれば、判断は現場に任せるのが正解。中央統制に意味はないのです。

だから、僕の仕事は「決める人」を決めること。

そして、すべてをその人に任せて、口をはさまない。

口を出すとすれば、それは辞めてもらうときです。もしも、「決める人」を変えても、結果が出なければどうするか？　そのときは、僕が責任をとって辞める。

話は、とてもシンプルなのです。

25 ビジネスに「情」はいらない

「甘えの構造」をつくらない

僕は、経営はシンプルだと考えています。

社長が、ある分野において自分より強い人を連れてくる。そして、ある分野の仕事をお願いする。それで、うまくいかなければ「人」を変える。うまくいっているときは変えない。プロジェクトの存廃《そんぱい》も同じ。結果が出れば人数を増やすし、結果が出なければ減らす。場合によっては解散する。それを貫徹《かんてつ》する以外にない、と思うのです。

「会社がうまくいかない……」

ときどき、そんな声を耳にします。しかし、僕は、会社がうまくいかない理由ははっきりしていると思います。なぜなら、結果が出ていないプロジェクトは、数字が示しているからです。

サッカーと同じです。連敗が続いているサッカー・チームがあるとします。敗因を分析すれば、点が入らないから勝てないのか、点を取られているから勝てないのかがわかります。点は取っているけれど、それ以上に点を取られているのならば、ディフェンスに問題があるのだから、ディフェンダーを交代させなければならない。逆にディフェンスはよく守っているのに、点が入らないのであれば、フォワードを交代させなければならない。それ以外に、勝てるチームにする方法があるでしょうか？

あとは、やるかやらないか。それだけです。

ところが、これができない。

なぜか？「情」が邪魔をするからです。その人を降格したら可哀想だ。あのプロジェクトを中止するのは、メンバーに酷《こく》だ。それで、変えるべきものを変えずに、ずるずると状況を悪化させてしまうのです。

しかし、これが本当の優しさでしょうか？

僕は、そうは思いません。結果を出せないリーダーは降格して、再起を期してもらう。悔しさをバネにがんばれば、必ず実力はつきます。そのときは、再び起用すればいいのです。むしろ、中途半端にその人の立場を守れば、かえって彼らが努力するきっかけを奪うことになってしまう。その結果、その人が成長できないばかりか、ダメなプロジェクトを温存することで会社に損害を与えてしまう。最悪の場合には、会社を危機に追いやってしまうことすらある。それは、優しさではありません。

そもそも、僕はこうした「情」に疑いがあります。

本当は、情をかけることで自分を守ろうとしているのではないか、と思うのです。なぜなら、結果の出せないリーダーを交代させて、それでも結果が出なければ社長が責任を取って辞めなければならないからです。それを避けたいから、部下の責任も曖昧にする。そのような「甘えの構造」をつくりたい、というのが本心ではないのか？　そのために、社長が本来やるべきことをやらなければ、問題は複雑になるばかり。それで会社がうまくいくはずがないと思うのです。

だから、僕はいつでも責任をとる覚悟をもって、結果を出せないリーダーを降格させたり、プロジェクトを中止させたりという決断を行ってきました。そのときは嫌われたり、ときには恨みを買うようなこともあったと思います。しかし、それは仕方がない。もちろん、社員に嫌われたら社長の仕事は務まりませんが、社長の仕事は社員に好かれることではありません。社員を成長させ、企業を成長させるのが、社長の仕事です。そのためには、たとえ厳しくても、ビジネスの原則をシンプルに貫徹する覚悟をもたなければならないと思うのです。

一方、会社がうまくいっているときは、何も変える必要はありません。社長は余計なことをせず、現場に任せる。そして、その状況が続くように現場をケアし、エンパワメントし続けることに徹する。むしろ、会社がうまくいっているときは、社長はいらない。現場に「放っておいてください」と言われるくらいでちょうどいい。

そして、ビジネス環境が急激に変化したときや、会社に危機の兆しが表れたときに、再び社長が身を挺《てい》して社内を変えていけばいいのです。

26 「経営理念」は文書にしない

形骸化した理念が会社を壊す

「御社の経営理念を明文化しませんか？」

コンサルタントの方に、こう勧められたことがあります。

会社を経営していくうえで、経営理念は非常に大切です。

「会社は何のために存在するのか？」「何のために経営するのか？」「会社の行動規範《こうどうきはん》は何か？」。こうした経営の基本がしっかりと定まっていなければ、誤った判断や行動をしてしまう。そして、会社を危機に陥れるからです。そこで、その作業に取り掛かることにしました。

しかし、すぐに虚《むな》しくなりました。

経営理念を明文化することに、本質的な意味があるとは思えなくなったからです。まず第一に、いまの会社にとって正しい理念であっても、時代の変化にそぐわなくなったり、現実からかけ離れたものになってしまう恐れがあります。もちろん、そのときには理念を適切に書き換えればいいのかもしれませんが、その作業をやっている間に時代に取り残されてしまうことになりかねません。特にインターネット業界は変化が激しいですから、そのようなリスクをあえておかすべきではないと思うのです。

もちろん、LINE株式会社に経営理念がないわけではありません。

経営陣から社員まで一人ひとりが、「ユーザーが本当に求めているものを提供する」「社会を豊かにする」「サービスでユーザーを幸せにする」などといった想いをもって仕事をしています。

いわば、これがLINE株式会社の理念。それが、日々の仕事のなかに生きているのならば、わざわざ明文化する必要はないのではないでしょうか？

むしろ、経営理念を明文化することは危険ですらある。

なぜなら、明文化したがために、理念が形骸化《けいがいか》していく恐れがあるからです。

たとえば、毎朝、経営理念を社員に唱和させることにしたとします。

皆さんが社員であれば、どう思うでしょうか？　日ごろから真剣に仕事に向き合っている人ほど、そんな形式的な儀式をバカバカしく感じるようになるのではないでしょうか？　なかには、「そんな儀式よりも、仕事をさせてくれ」と、唱和に加わろうとしなくなる人もいるはずです。

すると、何が起こるか？

それを咎《とが》める人物が現れるのです。

「なぜ、君は唱和しないのか？」

「君はこの会社の社員らしくない」

こんなふうに責め立てられれば誰だって嫌気《いやけ》が差します。そして、優秀な人ほど退職していくようになるでしょう。これでは、本末転倒。経営理念が形骸化したときには、会社を壊すことすらあるのです。

だから、結局、経営理念を明文化する作業はやめてしまいました。

大切なのは、「形」ではなく「実質」です。経営理念を明文化することに意味があるのではなく、社員一人ひとりが理念を共有して、日々の仕事のなかでそれを実現していることにこそ意味がある。

そのためには、そういう想いをもつ人だけを採用して、ユーザーのために努力を惜しまず働く社員を大切にする以外にないのではないでしょうか？　経営理念を毎朝唱和させたり、立派な額縁に入れて壁にかけたからといって、それを社員に浸透させることができるわけではありません。むしろ、そのために理念が形骸化することのほうが、よほど恐ろしいと思うのです。

27 「ビジョン」はいらない

未来を予測するより、目の前のことに集中する

「この会社のビジョンは何ですか？」

「中期、長期の戦略はどうですか？」

これまで何度も、社員はもちろんメディアからもこんな質問を受けました。

その度に、僕はこう応えてきました。

「いや、わかりやすいビジョンは特にありません」

すると、一部の社員は不安そうな顔をして、メディアの皆さんは残念そうな顔をされる。ちょっと申し訳ないと思うくらい。だけど、ないものは仕方がない。むしろ、

「なぜ、ビジョンが必要なんですか？」と尋ねてみたいと思ったものです。

近年、「ビジョン経営」の重要性が指摘されます。

「ビジョン」とは何か？　経営理念に基づいて、企業の目指す姿を中長期計画のような「目に見える形」で示すこと。つまり、「未来を示す」ということです。それが、まるで経営の責務であるかのように語られています。

しかし、果たしてそうでしょうか？

誰にも「未来」のことはわかりません。だから、わからないものを明文化するのは難しいと思うのです。とりわけ、現代は変化の激しい時代。「わからないこと」をさもわかったように語ることのほうが、よほど無責任ではないでしょうか？

僕自身、これまでの仕事を振り返って、やはり「未来はわからない」と言わざるを得ません。ハンゲーム・ジャパン株式会社に入ったころ、僕たちはパソコン向けのオンライン・ゲームでナンバーワンになることを目標にがんばっていました。しかし、その後、フィーチャーフォンが登場し、次いでスマートフォンが登場。そんな未来を予想し得たか？　もちろん、できませんでした。ましてや、ＬＩＮＥが世界数億人に利用されるサービスになるなど、予想してできることではありません。

これが、ビジネスの現実ではないでしょうか？

だとすれば、むしろビジョンなど掲げないほうがいい。

なぜなら、それに縛られてしまうからです。たとえば、フィーチャーフォンでナンバーワンになるビジョンを掲げていたら、それだけで、スマートフォンが登場したときに一拍も二拍も動きが遅くなる。会社が掲げたビジョンに従ってきた社員たちを説得しなければなりませんし、新たにビジョンをつくり変える手間も必要になる。そんなことに時間をかけている間に、時代の変化に取り残されてしまいます。

変化の時代を生き抜くために最も大切なのは、いち早く自分が変化することです。それを邪魔するものをあえてつくることに意味があるとは思えません。わかるはずもない「未来」を予測するなどという作業は、会社にとって余計なことなのです。それよりも、「目の前」のニーズに応えることに集中する。そして、常にそのニーズに変化の兆しはないかと、神経を鋭敏《えいびん》にしておくことのほうが重要だと思うのです。

そもそも、なぜ人々はビジョンを求めるのか？

僕は、将来に対する「見通し」を示してほしいからではないか、と考えています。「将来、どうなるかわからない」という不安を、誰かに解決してほしい。会社にビジョンを示してもらうことで、安心したいのです。

しかし、僕は、それこそ危険だと思います。なぜなら、危機感が失われるからです。人間は不安だからこそ、神経が研ぎ澄まされます。だからこそ、ユーザーの変化にも敏感に反応できる。いざというときには、誰よりも早く対応できるようになる。そんな野性的な感覚を研ぎ澄ますことこそが、サバイバル能力につながるのです。そして、そういう社員が多い会社でなければ、この変化の時代を生き抜くことはできないと確信しています。

28 シンプルでなければ「戦略」ではない

わかりにくいメッセージは、現場を混乱させる

経営はわかりやすさが大事——。

これは、僕が経営に携わってきて学んだことのひとつです。

「あれもこれも大事」と経営がわかりにくいメッセージを発すると、現場は混乱します。最も大切なことだけを、シンプルにわかりやすく伝える。これが、組織の力を最大限に発揮させるうえで、きわめて重要なのです。そもそも、戦略とはそういうもの。「あれもこれも全部やる」というのは戦略ではない。絞るのが戦略なのです。

このことを痛烈に学んだのは、僕がハンゲーム・ジャパン株式会社に入ったころの

ことです。

日本テレビ時代にMBAを学んだ僕は、さまざまな経営指標や分析手法を使って戦略を立案しようとしました。SWOT分析、ROA、ROE……。しかし、誰も理解してくれませんでした。いや、理解しようとすらしてくれなかった。当然です。彼らはゲームづくりのプロ。そもそも、そうしたことに関心がない。「そんなことより、とにかく〝いいもの〟をつくることが大事じゃないの？」。そう言われて、目からウロコが落ちました。まったくもって正論だったからです。


「経営学」を学ぶと、いろいろな知識がつきます。

それは、経営者にとっては重要なものです。しかし、それを現場と共有することに意味はありません。むしろ、彼らの仕事を邪魔するだけなのです。

レストラン経営を想像するとわかりやすいと思います。たとえば、キッチンで働いているシェフに、さまざまな経営指標や分析結果を伝えることに意味があるでしょうか？　そうしたものに目を通して、あれこれ考えているうちに、料理が冷めてしまうだけです。そんなことよりも、「とにかくおいしい料理をつくってほしい」と伝えることに徹したほうがいい。そのレストランがうまくいくかどうか。それは、結局のところ、出している料理がおいしいかどうかにかかっています。おいしければお客さんは食べてくれるし、まずければ二度と来店しない。それだけのことなのです。

企業経営も同じです。現場には「おいしい料理」＝「いいもの」をつくることだけに集中してもらえばいい。それ以外のことは、すべて余計なことなのです。

だから、ＬＩＮＥ株式会社の戦略はただひとつ。

「どこよりも速く、最高のクオリティのプロダクトを出す」

現場のリーダーたちは、このシンプルなメッセージを繰り返し繰り返し社員たちに伝え続けました。彼らは、この戦略に確信をもっていたのだと思います。

もちろん、局面ごとに発するメッセージもシンプルなものでした。

たとえば、ＬＩＮＥにヒットの兆しが見えたときには、「ＬＩＮＥ事業では儲けなくていい。ユーザーの拡大だけを考える」という戦略に徹しました。

インターネット・ビジネスで重要なのは、ユーザーベースを獲得することです。ユーザーベースが大きくなれば、後に必ずビジネスにつなげていくことができます。だから、まずは売上のことは度外視《どがいし》して、とにかくユーザーの利益になることだけに集中すべきだと考えたのです。

正直に言えば、経営者としては売上も利益もほしいのが実情です。だけど、「売上もほしい、ユーザーも増やしたい」と二律背反《にりつはいはん》のメッセージになれば、現場は混乱するだけ。それよりも、「ユーザーの拡大」に全力投球してもらったほうがいい。だから、あえて「儲けなくていい」というメッセージを明確に発信したのです。

その結果、社員たちは圧倒的なスピードで、無料電話、スタンプ、ゲーム、公式アカウントなど、次々と新しいサービスを開発。LINEを世界で最速の成長スピードを誇るサービスのひとつにすることができたのです。

29 守ると攻められない

覚悟をもって「過去の成功」を捨てる

守ると攻められない——。

僕は、これこそ変化の時代を生き抜く「経営の鉄則」だと考えています。「新しいもの」は多くの場合、「古いもの」を否定する側面があります。ところが、厄介なことに、あらゆる企業は「古いもの」で成功してきたからこそ今がある。だから、どうしても「古いもの」を守ろうとして、「新しいもの」に適切に対応できなくなってしまう。つまり、攻めることができなくなってしまうのです。

それを痛感させられたことがあります。ソニー在職中のことです。僕は、一時期、モバイル事業を提案する部署に所属し、モバイルとコンテンツをネットでつなぐ新規事業を立ち上げようとしていました。しかし、そこで目撃したのは厳しい現実でした。

当時、ソニーもｉＰｏｄと同じようなアイデアの製品化を進めていました。ところが、僕には、プロダクトがどんどん歪《ゆが》んだ方向へ向かっているように思えてなりませんでした。というのは、自社所有のコンテンツの違法コピーを防ぐために厳重な技術的制限をかけようとしていたからです。

たしかに、コンテンツが違法にコピーされれば、著作権者の利益はもちろん自社利益も守ることができません。しかし、そのためにユーザーが求めていないものをつくってしまうのは、やはり違う。結局、インターネットという「新しいもの」への対応を誤り、「守るべきもの」のなかったアップルに負けてしまったのです。

ところが、僕は同じ過ちを犯すことになります。

ハンゲーム・ジャパン株式会社がパソコン向けオンライン・ゲームで日本トップに立ったころのことです。ちょうどそのころ、フィーチャーフォン向けのゲームのニーズが高まりつつありました。それを察知した僕たちは、２００４年にフィーチャーフォン向けのゲーム・サイトを開設。「モバゲータウン」のオープンが２００６年ですから、2年も先駆《さきが》けていました。

ところが、僕たちはスタンスを間違えてしまった。パソコンを主力と位置づけ、フィーチャーフォンはそれを補完するものと考えてしまった。要するに、パソコン向けサービスを「守ろう」としたのです。しかし、それはフィーチャーフォンのユーザーが求めていたものではありませんでした。

そこに、切り込んできたのがDeNAやGREEでした。フィーチャーフォンに特化したゲーム・サイトを次々とオープン。大成功を収めたのです。僕たちが、同様のサイトの開設に漕ぎつけたのは2008年。すでに時遅し。もはや挽回不能《ばんかいふのう》でした。

まさに痛恨の失敗。やはり成功を捨てるのは難しい。売上が落ちるのが恐いし、過去の資産を捨てるのも惜しい。それらを守りたいと思うのは、経営者として自然な感情なのです。しかし、その結果、変化への対応を誤る。だからこそ、強い意思をもって「古いもの」を捨てる覚悟をしなければならない。それを、僕は深く学んだのです。

この失敗がのちに活きます。スマートフォンという「変化の波」が訪れたとき、経営陣全員が「リソースをスマートフォンに集中させる」ことに賛成。他社に先駆けてスマートフォン・ユーザーのことだけに集中する体制を整えることができたのです。

ここに、チャンスが生まれました。なぜなら、フィーチャーフォンで成功していた多くの会社が、「過去の成功」を守ろうとしていたからです。そのひとつがユーザーＩＤ。彼らがリリースしたアプリには、フィーチャーフォンと共通のＩＤ認証が必要でした。しかし、それはユーザーが求めていることではなかった。面倒だからです。事実、それらはダウンロードはされても、実際に使用される割合はきわめて低かった。

そこで、ＬＩＮＥの企画開発メンバーは、「電話帳こそ人間関係」というコンセプトのもと、ｔｗｉｔｔｅｒやｆａｃｅｂｏｏｋのＩＤはもちろん、同じグループであるハンゲームやＮＡＶＥＲ、ｌｉｖｅｄｏｏｒのＩＤも排除。電話番号で簡単に認証できる、シンプルな仕組みを構築しました。これが、ＬＩＮＥが普及する一因となったのです。

もしも、経営が「守ろう」としていたらどうなったか？　おそらく、彼らの判断を尊重できなかったはずです。だから、僕は改めて「守ると攻められない」という言葉を噛みしめています。いつか再び訪れる「大きな変化」に対応するために、この言葉を絶対に忘れてはならないと思うのです。

第5章

余計なことは全部やめる

30 「計画」はいらない

計画があるから、変化に弱くなる

「事業計画はいらない」

僕は常々こう明言してきました。ビジョン（中長期計画）をもたない会社はありますが、年間計画をもたない企業はほとんどありませんから、いつも皆さんに驚かれたものです。もちろん、これが一般論としてあらゆる企業に当てはまるとは思いません。僕はただ、それぞれの企業や事業に合ったやり方があると考えているのです。

実は、僕がＮＨＮ Ｊａｐａｎ株式会社の社長になった当初は、精緻《せいち》な計画をつくって社員たちに徹底させようとしていました。それが、「経営の常識」だと考えていたのです。僕は、日本テレビ、ソニーと大企業に勤めてきましたから、日本的経営には馴染《なじ》みがありましたし、ＭＢＡを取得してアメリカ的な経営についても学びました。その双方において、「事業の計画性」は重要な概念でしたから、それをＮＨＮ Ｊａｐａｎ株式会社にも適用するのが当然だと考えたのです。

ところが、これがうまく機能しませんでした。

理由は簡単。インターネットの世界は、あまりにも変化が速いからです。数ヶ月先のことも正確に予測することが難しい。そして、市場環境が変われば、計画を変更しなければなりません。これが、社内に不協和音を生み出したのです。

「社長はコロコロ変わる」「社長はブレている」……。計画を変更するたびに、一部の社員からそんな批判が聞こえてきました。「世の中が変化しているのだから仕方ないだろう」と説明しても、なかなかわかってもらえない。これには少々困りました。社員から批判されるのは構わないのですが、計画を変更するのに手間取るのは非常に大きな問題でした。いかに変化に素早く適応するかが、僕たちのビジネスの最重要ポイントだからです。

そして、ＬＩＮＥが生み出されるころ、シンプルな解決法に気づきました。

「計画を発表しなければいい」

僕が思うに、日本人には「変わるのは悪いこと」というイメージが強い。だから、計画の変化にネガティブに反応してしまう社員が現れる。ならば、計画を発表しなければいい。そうすれば、計画が変わったかどうか誰も気づかない。みんながハッピーになれるし、何より変化への抵抗がなくなるんじゃないか、と。

だから、厳密に言うと「計画がない」わけではありません。

計画の詳細を社内でアナウンスするのをやめたのです。事業リーダーに、達成してほしいベースラインを伝えるのみ。後は、それぞれの判断に委ねることにしたのです。

こう言うと、必ず尋ねられます。

「ベースラインを設定すると、それをクリアすることで現場は安心してしまうのでは？」

もっともな質問だと思います。しかし、ＬＩＮＥ株式会社には「いいものをつくりたい」という熱意に溢れる社員が多い。彼らが主導権を握っている限り、そのような雰囲気が生ずる心配はないのです。

しかも、彼らは誰よりもユーザーやマーケットの変化に敏感です。変化が生じれば、誰に言われるまでもなく、自らの判断で方向性を切り替えていきます。むしろ、計画があるからこそ、彼らが変化しようとしたときに足を引っ張る人々を生み出してしまう。であれば、計画を周知するよりも、彼らに舵取《かじと》りを任せたほうがいいのです。

そして、クオリティの高いプロダクトを速くつくることに集中してもらう。そのプロダクトをユーザーが認めてくだされば、自然と数字は達成できます。むしろ、優秀な社員たちが計画に縛られることなく、自由に力を発揮してくれれば、僕の想定をはるかに上回る結果を出してくれるのです。

だから、LINE株式会社では、社長がすべきことは計画を周知徹底させることではありません。「いいものをつくりたい」という思いをもつ優秀な社員たちが、主導権を握る職場環境を守ることなのです。

31 「事務方」はいらない

計画者と実行者を分けない

「事業計画」について、もうひとつ指摘しておきたいことがあります。

それは、「計画者」と「実行者」を分けてはいけない、ということです。

大企業には多くの場合、「計画」をつくることを仕事とする、いわゆる「事務方」と呼ばれる人々がいます。そして、日々ユーザーと向き合って、懸命に「いいもの」をつくろうと努力している現場の人々よりも、「事務方」が権威をもつことがあります。そのことに、僕は常々疑問を感じていました。なぜなら、そのために非常に大きな弊害が生まれているからです。

最大の弊害は、「事務方」が権威をもつことによって、計画を達成することが目的となってしまうことです。

たとえば、スケジュール管理。たしかに、きちんと工程管理をすれば計画どおり生産できる業態であれば、スケジュール管理をすることに意味があるでしょう。しかし、新商品を開発するといったクリエイティブな仕事は、必ずしもスケジュールどおりに進められるわけではありません。

クリエイティブとは「ゼロから1」を生み出す仕事です。いいアイデアが浮かばなければ、一歩も先に進むことができません。そもそも、「スケジュール管理」できないものなのです。にもかかわらず、スケジュールどおりに進めようとすれば、クオリティを落とさざるをえません。

売上管理もそうです。年度末に向けて、このままでは計画どおりの売上を達成することができない。だから、クオリティの低いプロダクトでも無理やりリリースしようとする。これでは、本末転倒ではないでしょうか？

僕たちは計画を達成するためにプロダクトを生み出すわけではありません。あくまで、ユーザーが幸せになるようなプロダクトを生み出すのが本筋。「事務方」が権威をもつことで、この本来あるべき姿が歪んでいくのは、きわめて深刻な弊害だと思うのです。

それだけではありません。

もうひとつ重要な問題が発生します。

なぜなら、計画には失敗がないからです。「事務方」は計画をつくり、その実行を現場に求める。計画どおりにいかなければ、それは現場の責任。「事務方」が責任を問われることはありません。だからこそ、〝賢い人〟ほど「事務方」を目指します。そのほうが、〝出世〟への近道だからです。

しかし、それが本質的に正しいことでしょうか？　僕は、はなはだ疑問です。会社にとって、もっとも重要なのはユーザーに喜ばれるものをつくり出すこと。そのためにがんばっている現場のスタッフが、いちばん報われる組織でなければならないのではないでしょうか？

だから、ＬＩＮＥ株式会社にはいわゆる「事務方」はいません。

事業リーダーが現場のスタッフとともにどのように仕事を進めるかを話し合う。そして、それぞれのチームごとに計画を共有する。それで、十分なのです。

もちろん、文書化はしません。毎日のようにチームで話し合っていますから、わざわざ文書化しなくても、頭のなかで計画は共有されています。それに、時々刻々と状況は変化しますから、計画を文書化することに意味がない。むしろ、いちいち作り直すことに労力を使うよりも、プロダクトの制作に全力を上げてもらったほうがいい。

それで何の問題も発生しないどころか、むしろ、望ましい状況が生まれます。なぜなら、自分たちが実行する計画ですから現実的なものになりますし、自分たちが考えた計画だからこそ実行力も伴うからです。

32 「仕組み」では成功できない

マニュアルが創造性を壊す

もはや「仕組み」で成功する時代ではない——。

僕はそう考えています。

たしかに、同じことを効率的に回し続けるためには、「仕組み」はきわめて有効です。業務をマニュアル化・標準化することによって、誰がやっても同じ結果を出す状況をつくることもできるでしょう。しかし、そのようなビジネスは、人件費の安い中国やベトナムなどで同じ「仕組み」が生まれれば、太刀打《たちう》ちすることはできません。「仕組み」が、競争優位を生み出す時代ではなくなったのです。

逆に、そのようなビジネスは危ない。なぜなら、新しい価値をつくり続けなければ、生き残ることができない時代だからです。ところが、「仕組み」によって新しいものを生み出すことは不可能。むしろ、僕は、「仕組み化」できない部分にこそ競争力の源泉があると考えています。

LINE株式会社にはマニュアルはほとんどありません。会社が現場に求めるのは「どこよりも速く、クオリティの高いものをつくる」ということのみ。プレースタイルは現場に一任しています。いや、マニュアル化できないと言うほうが正しい。クリエイティビティ（創造性）というものは、完全に属人的なものだからです。

当たり前のことです。たとえば、作曲方法をマニュアル化できるでしょうか？できるはずがありません。もしも、できるならば、誰でもベートーベンやモーツァルトになることができます。古今東西、あらゆる作曲家はそれぞれ自分のやり方で曲をつくってきたはずなのです。

それと同じで、ヒット商品を生み出す方法は十人十色。マニュアルにすることは不可能です。新商品の着想を得ると、すぐにプロトタイプをつくったほうが発想を広げられる社員もいれば、まずは企画書のかたちでコンセプトを明確に言語化することから始めたほうがやりやすい社員もいる。そのプロセスをヘタにマニュアル化しても、彼らの創造性を縛りつけることになるだけです。

チームも同じです。

LINE株式会社ではチームごとにやり方はまったく異なります。

企画担当者が主導してコンセプトをまとめあげ、それに基づいてデザイナーとエンジニアが具体化していくチームもあれば、デザイナーとエンジニアがプロダクトをつくるのを、企画担当者がサポートするチームもあります。それは、集まったメンバーの個性や特性にあわせて自然と生み出されるコンビネーションであり、いわばエコシステムなのです。

それを何らかの「型」に押し込めようとしても、チームの創造性が失われるだけ。経営が「仕組み化」などと称して、余計なことをしないほうがいい。現場は、どんなやり方でもいいから、「いいもの」さえつくってくれればいいのです。

では、このエコシステムはどうすれば生み出すことができるのか？

方法はひとつです。結果を出す人がやりやすい環境を大事にすることです。彼らに組織のやり方を強要するのではなく、組織が彼らのやり方に合わせる。チームによってやり方が違うことも許容する。それしか、ありません。

そして、これが会社に決定的な競争力を与えてくれます。

なぜなら、エコシステムは、「仕組み」のように第三者がコピーすることができないものだからです。だからこそ、僕は「仕組み化」できない部分に競争力の源泉《げんせん》があると考えているのです。

33 「ルール」はいらない

スピードを阻むものはすべて捨てる

インターネット業界ではスピードが命です。

よほど技術的に差別化できない限り、新しい価値を生み出してもすぐにコピーされてしまう。それを前提に仕事の仕方を考えなければならないのです。だから、新しい価値を生み出すと同時に、最速のスピードで改善を重ねていく。そのスピードがライバルを凌駕《りょうが》していれば、追いつかれることはない。これが、インターネット業界のシンプルな必勝法則なのです。

では、スピードを上げるにはどうすればよいか？

簡単です。余計なことをやめればいい。すべてをシンプルにすればいいのです。

ムダな会議、ムダな申請書、時間のかかる決裁、上司への日次報告……。「本当に必要なのか？」という視点で検証すれば、いくらでも余計なルールは見つかります。これらを全部取っ払ってしまえば、メインの仕事をする時間しかなくなる。その当然の帰結《きけつ》として、スピードは最大化されるのです。

たとえば、LINE株式会社ではプログラムの仕様書はつくりません。権限や役割を大事にする会社だと、きちんとした仕様書をつくって、根回しをして会社の決裁を得なければ、エンジニアやデザイナーなどが動いてくれません。そのために、厖大《ぼうだい》な時間のロスが生じるのです。

しかし、LINE株式会社は、そのような「野球型」ではなく「サッカー型」のマネジメントを採用しているので、商品コンセプトにエンジニアやデザイナーが共感すれば、わざわざ仕様書をつくらなくても、すぐにプロダクト開発に着手することができます。権限移譲もしていますから、現場リーダーがその場で「やろう！」と決断することもできる。やると決まったら、すぐにデザイナーがユーザー・インターフェイスを描いて、それをもとにエンジニアがプログラムをつくり始める。いきなり走り始めるのだから、圧倒的にスピードが速くなります。

注意したいのは、単に仕様書をやめればいいわけではないということ。権限や役割を重視する文化を残したまま、仕様書をやめれば職場は混乱するだけです。権限移譲をしていなければ、現場で意思決定をすることができませんから、上層部の決裁を得るために時間的ロスが生じるでしょう。仕様書をやめる効果は限定的にならざるを得ないのです。

これは、仕様書に限らない問題です。会議、申請書、報告なども、単にそれらをやめてしまえば、スピードが上がるとは限りません。場合によっては、職場が混乱したり、逆に非効率になることもありえます。そうした「表面的な現象」をいくらいじっても根本的な問題解決にはならないのです。

重要なのは、「いいものをつくりたい」という情熱と、技術をもつ野性的なフォワードたちに、仕事を任せることです。彼らはユーザーやマーケットと日々向き合っていますから、スピードの重要性は誰に指摘されなくてもわかっています。放っておいても、トップスピードで走り出すのです。そして、組織を彼らに合わせていく。

だからこそ、権限移譲もするし、「サッカー型」のマネジメントになるし、彼らが全速力で走るのを邪魔するルールも取り払う。その結果、それらが有機的にからみ合って、組織全体のスピードも最大化されるのです。


ボトムの底上げが組織力の向上につながる──。

従来の組織論で、よく主張されてきたことです。「ダメな人たち」の成長に注力することによってこそ、組織全体の底上げができるというわけです。しかし、本当にそうでしょうか？　僕は疑問に思っています。

むしろ、フォワードにトップスピードで走らせる。それに、必死についていこうと努力するから、人は成長していくのだと思います。だから、僕はトップスピードに合わせることを経営の目標としてきました。それが、強い会社をつくる最高の方法だと考えているからです。

34 「会議」はしない

会議を増やす「人」を排除する

「ダメな会社ほど会議が多い」とよく聞きます。

僕もまったく同感です。

やるべき仕事に集中している人が多い会社のほうが、結果が出るに決まっているからです。スケジュール表を会議で埋めて安心するような社員が多い会社に未来があるはずがないのです。僕自身、会議には出ないことを基本にしています。僕が参加することに意味がない会議にまで首をつっこんでいたら、仕事をする時間がなくなってしまうからです。

だから、ＬＩＮＥ株式会社では、プロジェクトやサービスに関する現場のミーティングは頻繁《ひんぱん》に行われていますが、ムダな会議、形式的な会議はありません。重要なのは「会議をした」という形式的事実ではなく、議論の中身と意思決定の質です。よほどの案件でなければ、メールでも十分なのです。

では、どうすれば会議を減らすことができるか？

まず第一に、会議を増やそうとする人を排除することです。

ある人物に面白い話を聞いたことがあります。大企業で出世する方法がある、というのです。「事務方」として、できるだけ多くの会議に参加することだそうです。

うまくいきそうなプロジェクトをいち早く嗅《か》ぎ分《わ》けて、その会議に紛《まぎ》れ込《こ》んで議事録担当になる。そして、あたかも自分もプロジェクトの成功に貢献したかのように作文をしていく。もしも、プロジェクトの雲行きが怪しくなってきたら、自分に責任が降りかからないように調整する。こうして自分の〝実績〟をつくって、それを上層部にアピールすれば出世が早いというわけです。

半分ジョークなのですが、ありうる話です。実際、会議が好きな人というのは、現場の第一線でユーザーと向き合っていない人が多い。おそらく、彼らにとっては、自分の存在意義を発揮できる場所が会議なのでしょう。だから、余計な会議を設定して、それを運営することを仕事にし始める。あるいは、「コンプライアンス上問題がある」「契約リスクがある」などと現場に口をはさむことで、自分の存在感を示すわけです。

しかし、それは、プロダクトに集中したい現場にとっては、まさに邪魔。害悪ですらある。他人の仕事のあらさがしをして、問題点ばかり指摘する。これは、僕が思うに、仕事ができない人の典型的なやり方です。仕事とはユーザーに価値を提供すること。そのために貢献しようとしない人で、仕事のできる人はいないのです。

だったら、そういう人は無視すればいい。ミーティングが必要なときにも、呼ばない。そうすれば、彼らは社内に居場所がなくなる。いずれ、仕事のやり方を変えるか、会社を去るかの選択を迫られるようになります。そして、彼らのためにやっていたムダな会議も綺麗さっぱりとなくなるのです。

もうひとつ、会議をなくすために重要なのが権限移譲です。

僕は大企業での勤務経験があるからよくわかるのですが、一般的に昇格すればするほど会議が増えます。意思決定にかかわる機会が増えるのだから、ある程度は仕方のないことかもしれません。しかし、会議をハシゴするだけで一日が終わってしまうようでは、まともな仕事はできません。

であれば、権限移譲すればいいのです。信頼できる部下に権限を手渡してしまえば、自分が会議に出る必要はありません。その分、自分にしかできない重要な意思決定に集中することができるのです。

もちろん、中間管理職が勝手に部下に権限移譲することは難しい。だからこそ、社長が積極的に権限移譲していくことが重要なのだと思います。そして、部下にも権限移譲するように勧める。社長自らが率先垂範《そっせんすいはん》することで、権限移譲を会社の文化にする必要があるのです。

そうすれば、自然と会議は減っていくはずです。

35 「情報共有」はしない

余計な情報を知れば、余計なことを考えるだけ

情報は社内で共有しなければならない――。

これは、今では常識とされていることです。会社や部門ごとの重点課題、目標や実績などを社内で共有する仕組みを整備すべき。それが、経営の責務だと考えられているのです。

僕も、かつては、そう思っていました。だから、定期的に全社のリーダーを集めて、情報共有のための会議を開催していました。ところが、あるとき、結果を出し続けている優秀なリーダーからこう言われました。

「この時間がムダだから、仕事をしてもいいですか?」

ハッとさせられました。たしかに、この会議は、ただただ伝達と報告に時間を費やすだけ。何か、ユーザーの価値に結びつくものを生み出しているわけではありません。だったら、価値を生み出す仕事に集中したほうがいい。まったくもって正論だったのです。

だから、僕はこの会議をやめてしまいました。

会社や部門ごとの重点課題、目標や実績は社内のデータベースで公開しておけば済む話です。職責のレイヤーごとに閲覧《えつらん》可能《かのう》な情報に制限はかけますが、基本的には見たい人は勝手に見に行けばいい。そう整理したのです。

それで何か問題が起きたか？

まったく起きませんでした。

むしろ、仕事に集中できる状況が生み出されたのです。

今では、僕は表面的、形式的な情報共有は必要ないと考えています。

たとえば、部署ごとの売上を共有すること。これに、どんな意味があるのでしょうか？　もしも、それを知って成果が上がるのであれば、やればいいと思います。しかし、そんなわけがない。ユーザーには何の関係もないのだから当然のことです。だったら、そんなことは気にせず、目の前の仕事に集中したほうがいいに決まっています。むしろ、こうした情報を共有することで、余計なことを気にし始める社員が現れます。隣のチームの売上はいくら？　自分のチームはいくら？　あのチームはどのくらいの売上を上げて、どのくらいのボーナスをもらってるんだろう？　そんな余計なことが、どんどん気になってくる。そういうタイプの社員で結果を出す人はほとんどいません。結果を出すのは仕事に集中する人。彼らは、そもそも他部門の数字に興味がないのです。

もしかすると、こんな疑問をもつ方もいらっしゃるかもしれません。

「他部門の売上を知ることで、社内で競争意識が生まれるのではないか？」

たしかに、隣のチームよりも売上を上げようといった競争意識によって、社内が活性化することはありうると思います。しかし、それは本質的でしょうか？　ユーザーのニーズに応えるのが仕事です。社内で競争するのが仕事ではありません。

むしろ、売上競争に陥った結果、ユーザー・ファーストの意識が抜け落ちて、売上優先主義がはびこることのほうが危険だと思います。社員同士が健全な競争意識をもつことまでは否定しませんが、経営がわざわざ社内競争を生み出すことに意味があるとは思えないのです。

ビジネスは、もっとシンプルです。

いいサービスを出していれば、いつか結果はよくなるはず――。

それを信じて、ユーザーに価値を提供することだけに集中する。それが、成功への最短距離。むしろ、会社が余計な情報を出すことで、社員が目の前の仕事に集中できない状況をつくり出すことのほうが問題。だから、情報共有はいらないのです。

第6章

イノベーションは目指さない

36 「差別化」は狙わない

ユーザーは「違い」ではなく、「価値」を求めている

「差別化」は狙わない――。
僕はそう考えています。
なぜなら、本質的ではないからです。

そもそも、差別化とは何か？
辞書によると、「他のものとの違いを際立たせること」とあります。つまり、他の商品との違いを際立たせることによって、競争優位を生み出そうとすることです。たしかに、他の商品とまったく違いのない商品に存在意義はありませんし、ヒット商品

を調べれば、そこには必ず他の商品との際立った違いを見出すことができるでしょう。

しかし、だからと言って、「差別化を狙う」のが正しいことだとは思えません。

なぜなら、その瞬間に、最も大切な視点を失ってしまうからです。

差別化を考えるとき、僕たちが見ているものは何でしょうか？

ターゲットとしている商品であり、ライバル企業です。そこには、ユーザーがいないのです。つまり、差別化を追求すればするほど、ユーザーが求めていることから離れていってしまう恐れがあるということ。ユーザーが求めているのは「違い」ではなく「価値」です。自分にとって価値がなければ、どんなに際立った違いがあっても振り向いてはくれないのです。


それは、インターネット・ビジネスの歴史も教えてくれることです。

かつて、Ｙａｈｏｏ！や楽天などのポータルサイトが成功を収めたころ、それと似たサービスで後追いをする企業が続々と現れました。いわゆる、ネット・バブルです。

しかし、それらのサービスはバブル崩壊とともに、ほとんどが消えてなくなりました。

なぜか？　彼らが差別化を狙ったからです。Ｙａｈｏｏ！や楽天などの先行者がやっていることとの違いを生み出すために、さらに多くのサービスや機能を付け加えていったのです。その結果、ユーザーにとってかえってわかりづらく、使いづらいものになってしまった。しかも、一つひとつのサービスのクオリティも低く、アップデートのスピードも遅くなる。結局、ユーザーの支持を得ることはできなかったのです。

しかし、その後、バブル後の屍《しかばね》を越えて成長してきた企業がありました。googleやFacebookなどの後発企業です。

彼らは、何をやったのでしょうか？

先行者の最も価値がある部分にフォーカスをして、その価値のみをシンプルに掘り下げていったのです。ご存知のとおり、googleは検索にフォーカスしました。Yahoo!が提供しているサービスのなかで、もっともユーザーが求めているものは検索だと考えたわけです。そして、アルゴリズムを開発することによって、その価値を極限にまで磨き上げた。その結果、彼らは圧倒的な差別化を手に入れたのです。

LINEも同様です。

リリース当時、世界にはＬＩＮＥに似たサービスはいくらでもありました。企画開発メンバーは、それらをすべて調べ上げました。しかし、差別化は狙いませんでした。それらのサービスの利用状況を見ながら、「スマートフォンのコミュニケーションで、ユーザーが求めている最も重要な価値は何か？」と徹底的に考え抜いたのです。その結果、テキスト・メッセージ機能にフォーカスして、シンプルにそれだけを磨き上げていったのです。

だから、差別化をしたければ、差別化を狙ってはなりません。

ベンチマークをした商品のなかで、ユーザーにとって最も重要な価値にフォーカスする。そして、その価値をとことん磨き上げる。そのときはじめて、僕たちは真の差別化を生み出すことができるのです。

37 「イノベーション」は目指さない

目の前のニーズに、愚直に応え続ける

イノベーションを生み出したい――。

これは、僕も深く同感することです。

しかし、目指すことで、かえって遠ざかるのがイノベーションではないか、と僕は考えています。なぜなら、自分本位だからです。「新しいことがやりたい」「今までになかったことをやりたい」という理由で突っ走って、ユーザーが求めていないものをガンガンやっても意味がありません。それはイノベーションではなく、単なる自己満足。ビジネスの本質を見失っていると言わざるをえないのではないでしょうか？

これは、僕の自戒《じかい》でもあります。

僕もいろんな失敗をしてきました。そのひとつのパターンが、「二歩先、三歩先のサービス」を狙って失敗するというケース。たとえば、こんな失敗をしました。

かつて、ゲーム制作のリーダーをしていたころのことです。ゲーム市場を研究し尽くしていた僕は、「これからのゲームはリアルタイムだ」と考えました。海の近くでゲームをしていると、ゲームのなかにも海が出てくる。雨が降ってくると、ゲームのなかでも雨が降り始める。「いままでにないコンセプトだ」と確信した僕は、社内の反対も押し切って制作。ところが、ユーザーはあまり反応してくれませんでした。徐々にチーム・メンバーも疲弊《ひへい》。僕も「失敗だった」と認めざるをえませんでした。

このように「未来はこうなる」という考えでやったサービスはほとんどうまくいきませんでした。未来を見すぎて、結局、ユーザーを見失ってしまう。ひとり遊びになってしまうのです。

だから、僕はこう心に刻んでいます。

ユーザーが感じている「目の前」のニーズにしっかり応えることに集中する。それが企業の社会的責任でもあるし、ビジネスの成功確率を高める方法でもある。むしろ、それを愚直《ぐちょく》にやり続けることでイノベーションにたどり着くのだ、と。

LINEのビジネスモデルがまさにそうだと思います。

僕たちは、LINE上で行われるコミュニケーションを軸に、ゲーム、スタンプ、eコマースなどのコンテンツを組み合わせたプラットフォーム化を進めています。そして、そのプラットフォームを、いろんな企業に活用してもらうことで収益を上げるビジネスモデルを生み出しています。

これが、シリコンバレーの人々には、とても斬新《ざんしん》に映ったようです。もっと言えば、「それでうまくいくの？」と半信半疑でした。彼らにとってインターネット・ビジネスとは、究極的には「広告収入」に尽きるからです。

もちろん、LINEのトップページにバナー広告を出せば「売れる」ことはわかっていました。しかし、僕たちは、それを選択しませんでした。なぜなら、それはユーザーにとっては邪魔だからです。LINEのコア・バリューは「心地よいコミュニケーション」。それを傷付けることは絶対にやってはいけない、と考えているのです。

そこで、社員たちは知恵をしぼりました。

たとえば、スポンサード・スタンプ。クライアント企業から対価をいただいて、その企業のマスコット・キャラクターをスタンプにする。そして、そのスタンプをLINEユーザーに無料で配布して、親しい人とのコミュニケーションを楽しんでいただくという趣向《しゅこう》です。ユーザーは気に入ったスタンプしか使いませんから、バナー広告のように押しつけがましいものにはなりませんし、そのスタンプが使われることで、クライアント企業にとっては広告効果が得られるというわけです。

スポンサード・スタンプは、今ではLINE株式会社の収益の柱のひとつにまで育っています。このビジネスモデルが世界的な成功を収めたとき、シリコンバレーの人々はこう言いました。「これはイノベーションである」と。

しかし、僕たちは、決してイノベーションを目指しているわけではありません。シリコンバレーの「逆張り」をしようと思っているわけでもありません。ただシンプルに、ユーザーにとっての価値を追求しているだけです。ユーザーの価値を極限まで追求した先に、イノベーションは生まれると信じているのです。

38 「クオリティ×スピード」を最大化する

つくり手の自己満足を捨て去る

「スピード」×「クオリティ」――。

この掛け算を最大化することが、あらゆるビジネスを成功させる鉄則です。どんなにクオリティが高くても、スピードが遅いと勝機《しょうき》を逃す。かといって、スピードがいくら速くても、クオリティが低ければ価値が低くなってしまう。双方が兼ね備わったときにビジネスは強いものになるのだと思います。

しかし、これが難しい。クオリティを追求すれば、どうしても時間がかかる。スピードのためには、ある程度クオリティを妥協しなければならない。その両者のバランスをどう考えればいいか。皆さんも頭を悩ませているのではないでしょうか？

この課題は、近年ますます重要になっています。それは、ＬＩＮＥ株式会社にとっても同様です。スマートフォンの登場によって、市場環境が劇的に変わったからです。

かつて、パソコンが〝主戦場〟だった時代は、どちらかといえばクオリティを優先することができました。なぜなら、当時は「検索」の時代だったからです。「いいもの」をつくれば検索に引っ掛かって、じわじわと支持を広げることができた。後発でも、挽回《ばんかい》のチャンスがあったのです。いわば、マラソンを走るような感覚でした。

ところが、スマートフォンの時代に入ると、検索機能を使う人は非常に少なくなりました。そのため、じわじわと支持を広げていくことが期待できなくなったのです。勝負は一瞬で決まります。アプリのリリースと同時に、アプリのストアランキングで上位に入らなければ終わり。誰の目にも止まらないまま、海の藻屑《もくず》と消えていきます。

だから、スタートダッシュがすべて。ライバルに遅れをとれば、挽回するのは非常に難しくなる。マラソンから50メートル走に変わったようなもの。パソコン時代のように、クオリティを優先して、スピードを妥協することは許されなくなったのです。

では、どうすればいいいか？

僕は、こんなことを考えました。

そもそも、クオリティとは何だろうか？

僕もかつては、エンジニアとしてプロダクト開発に携わっていました。当然、クオリティにこだわりました。いわば職人のようなもの。最新の技術を駆使《くし》して、最高の品質にすべく徹底的につくりこんだものです。

しかし、その結果、本当の意味でクオリティの高いものを生み出すことができたのかと聞かれれば、「NO」と言わざるを得ません。なぜなら、必ずしもユーザーに受け入れられたわけではないからです。どんなに高品質でも、どんなに機能が豊富でも、ユーザーの求めているものと違えば、それはクオリティが低いということ。結局のところ、それはつくり手の自己満足に過ぎません。そのためにムダに時間をかけて、スピードを犠牲にしてはならないのです。

大切なのは、ユーザーが求めていることの本質を知ることです。そして、自己満足を排して、その本質に応えることだけに集中する。それが、最高のクオリティを最高のスピードで実現するために、最も重要なポイントなのです。

ＬＩＮＥが、まさにそうです。

ＬＩＮＥを企画開発したメンバーは、最高の技術と知見をもつ社員たちです。その気になれば、いくらでも高機能にすることはできました。しかし、彼らは、ユーザーのことしか考えませんでした。

折しも東日本大震災が起きた直後です。老若男女誰《ろうにゃくなんにょ》もが親しい人とのコミュニケーションを大事にしたいと思っているタイミングでした。だから、「簡単」「使いやすい」「スピーディで快適なコミュニケーション」がユーザー・ニーズの本質と考えて、それだけを追求。余計な機能はすべて排除していきました。

だからこそ、１ヶ月半という短期間でアプリを完成させることができたのです。しかも、クオリティが高かった。それは、アプリの大ヒットが証明していることです。

商品にとって、いちばん大切なのはクオリティです。

しかし、その意味を取り違えてはいけません。クオリティを高めるために最も重要なのは、ユーザーが求めているものの本質を精度高く把握すること。そして、そこに集中したときに、「スピード」×「クオリティ」が最大化されるのです。

39 「デザイン」が主導する

ユーザーの使いやすさを最優先にする

商品開発には大きく二つのやり方があります。

ひとつは、技術的アプローチ。その代表格がｇｏｏｇｌｅです。人々が欲しがるかどうかはわからないけれど、エンジニアが「面白い！」と思うものをとにかく世に出して、その中で当たったものをビジネス化していく。優秀なエンジニア集団であり、かつ巨額の開発費をもつｇｏｏｇｌｅならではの手法です。

もうひとつが、デザイナーが主導するアプローチ。スティーブ・ジョブズが典型ですが、人々が求めている「価値」を突き詰めて、それをデザイナーが主導して具現化する手法です。ユーザーが操作するときに心地よさを感じてもらう。その「感性」にフォーカスする手法、と言ってもいいでしょう。

ＬＩＮＥ株式会社のアプローチは後者です。

なぜか？　インターネット市場が成熟したからです。市場が成熟化するとは、すなわちユーザーが限りなく広がったということ。「ギーク」と呼ばれるＩＴに詳しい一部の人々ではなく、ＩＴにそれほど詳しくない「普通の人々」がユーザーになった。

それを加速させたのがスマートフォンの普及です。ノートパソコンが普及し始めた当時、多くの経済学者はパソコンを一人一台持つ時代が来るだろうと予測しました。しかし、そのような時代は来ませんでした。

ところが、スマートフォンがそれを現実のものにしました。スマートフォンは、24時間、いつでもインターネットにアクセスでき、どこにでも持ち歩くことができる、いわば小型のパソコン。その手軽さから、あまりパソコンを使わなかった女子高生、主婦、高齢者まで、一人一台スマートフォンを持つ時代になったのです。だから、デザイナーが商品開発を主導することによって、「普通の人々」でも簡単に心地よく使えるものをつくり上げなければ、受け入れてもらえなくなったのです。

実際、ｇｏｏｇｌｅのサービスは、まずギークの間で流行った後に、一般に広がるケースが多いですが、ＬＩＮＥはリリースと同時に若い女性を中心に一気に広がっていきました。こうした現象は、これからますます増えていくと確信しています。

だから、ＬＩＮＥ株式会社ではデザイナーがサービス開発を主導するケースが多い。
もちろん、優秀なエンジニアの存在はきわめて重要です。しかし、エンジニアがリーダーシップをとると、どうしても機能過多《きのうかた》になりがち。最新の技術や自分が得意な技術を盛り込もうとしてしまう。そもそもエンジニアはリテラシーが高いですから、彼らにとって当たり前のことでも、「普通の人々」からすると難解になってしまう。
つまり、ユーザーのニーズから離れてしまうことがあるのです。

そこで、重要になるのがデザイナーの存在。デザイナーというと、綺麗なレイアウトを考える人というイメージがあるかもしれませんが、それはまったくの誤解です。むしろ、自分の好みの「見た目」にこだわるのは悪いデザイナー。本当に優秀なデザイナーは、自分の好みは一切排除して、「ユーザーにとって使いやすいかどうか」を徹底的に追求するのです。

言い方を換えると、彼らは機能をそぎ落とすのが得意。まず最初に機能を最低限にまで絞り込む。「これがなければ、プロダクトが成り立たない」というところまで徹底的に絞り込む。それは、ユーザーに提供すべき「価値」の本質を明確にする作業でもあります。そのうえで、ユーザー・テストを繰り返しながら、より使い勝手をよくするために機能を追加していくイメージです。

僕は、日本の製造業に元気がない理由のひとつは、技術偏重《ぎじゅつへんちょう》に陥っていることにあるのではないかと感じています。技術中心に考えるから、機能をそぎ落とすことができない。その結果、ユーザーが求めていないものを生み出してしまうのです。

しかし、そもそも日本人はそぎ落とすことが得意だったはずです。

短歌、俳句、水墨画……。不純物を徹底的にそぎ落として本質をシンプルに表現することが、日本人の美意識だったのです。技術主導からデザイン主導に切り替えることによって、古来の美意識を取り戻せば、再び日本経済は元気になるのではないかと、僕は考えています。

40 ユーザーは「答え」を教えてくれない

ユーザーの声を掘り下げて、自分の頭で考える

ユーザーが求めるものを提供する——。

これが、ビジネスの鉄則。だから、ユーザーの声を商品開発に活かすことはきわめて重要です。市場調査、ユーザー・ヒアリングはもちろん、ユーザーから寄せられるクレームも企業にとっては重要な資産です。

しかし、ここに落とし穴があります。ユーザーは、必ずしも自分が本当に必要としているものを知っているわけではないからです。だから、ユーザーの声を聞き過ぎることによって、ユーザーが求めているものから遠ざかってしまうことがあるのです。

日本の製造業は、ユーザーの声に真摯《しんし》に向き合ってきました。

その声に応えるために、機能を加えたり、商品ラインアップを増やしたり、バグを潰すなど営々と努力を続けてきた。いわば、長い長い坂道をコツコツと登り続けてきた。そして、世界に冠たる高品質のプロダクトを生み出してきたのです。

しかし、ユーザーが教えてくれるのは、あくまでも「今あるもの」に対する要望や不満です。つまり、ユーザーの声に対応することで、「今あるもの」を磨き上げることはできても、それだけでは、「今あるもの」から大きくジャンプする、イノベーティブな発想を生み出すことはできません。

一方、アップルはどうやってイノベーションを起こしてきたのか？

当然、彼らもiＰｏｄやiＰｈｏｎｅを開発するときに、市場調査を行ったはずです。しかし、それにとらわれ過ぎず、スティーブ・ジョブズが「ほしい」と思うものを、一切の妥協をせずつくり上げた。その結果、「今までにないもの」が生み出され、それを手にしたユーザーは「これこそ、自分が求めていたものだ」と気づいたわけです。イノベーションとは、そういうものです。

しかし、ジョブズは天才です。凡人が「自分がほしいもの」を追求しても、ジョブズのような結果を出すことはできません。では、どうすればいいか？　僕は、ユーザーの声を表面的に聞くのではなく、それを掘り下げて考えることだと思います。

たとえば、以前、ゲームをやめてしまったユーザーにその理由を尋ねたことがあります。すると、「飽きたから」と応えた人が非常に多かった。そこで、僕たちは「なぜ、飽きるんだろう？」と考えました。

そして、さらにユーザーに聞きました。すると、少しずつわかってくる。「飽きた」と言うけれど、実は、ゲームに負けたときにやめてしまう人が多かった。あるいは、お金でアイテムを買った人と戦ってイヤな気分になったという人もいました。

では、そういう気持ちにならないゲームとは、どんなゲームか？　そのように、ユーザーの声を掘り下げて考えることによって、ユーザーが本当に求めているものが少しずつ見えてくる。そうやって新しいゲームのアイデアが生み出してきたのです。

ＬＩＮＥの企画開発チームも、スマートフォン・ユーザーの綿密な市場調査を実施しました。そして、「無料電話機能」「写真共有機能」などを求める声があることを把握していました。しかし、彼らはあえてそれらの機能を盛り込まず、シンプルなメッセージ機能のみでサービス提供を開始しました。

なぜか？　当時、スマートフォンがまだ普及し始めたばかりのタイミングだったからです。多くの機能を盛り込むと、スマートフォンを使い慣れていないユーザーにとってわかりにくいものになってしまう。だから、彼らは、核となる価値は、電話帳でつながっているリアルな関係性のなかで、最もシンプルに最も速くメッセージを交換できることと定義。そして、その価値を磨き上げた結果、世界中の人々に、「これがほしかったんだ」と思ってもらえるサービスを生み出すことに成功したのです。

ユーザーは「本当の答え」を教えてはくれません。

だから、ユーザーの声を表面的に聞くだけでは「道」を間違えます。大事なのは、ユーザーの声を深く掘り下げて、「ユーザーが本当に求めているものは何か？」を自分の頭で考え抜くこと。それが、イノベーションを起こす方法だと思うのです。

おわりに

「僕は子どものころ、何をしているときにいちばん楽しそうだった？」

20代も半ばを過ぎたころ、母親にこんな質問をしたことがあります。

当時、日本テレビのコンピュータシステム部門で働いていた僕は、やりたくない仕事を続けることに鬱々《うつうつ》とした思いを抱えていました。しかも、自分が何をやりたいのか、はっきりとわからなかった。だから、余計に苦しい気持ちでいました。

そこで、世間の常識などの「前提条件」のない、まっさらだった自分のことを知れば、何かわかるかもしれないと思って、母親に尋ねてみたのです。返ってきた答えは「虫取り」。それを聞いた僕は、当時のことを鮮明に思い出しました。

僕が育ったのは東京郊外。まだ開発される前の自然あふれる環境でした。夏になると、一日中、虫取りに駆け回ったものです。カブトムシ、クワガタなどのエサ場を見つけるのが好きで、しかも、つかまえた虫を飼わずにすぐに逃がしていました。新しいエサ場を見つけて、新しい虫をつかまえるのが好きだったのです。思い出してみると、あのころのワクワクした気持ちもよみがえるようでした。

考えてみると、僕は「新しいこと」が好きでした。大学時代にジャズをやっていましたが、ジャズとはそもそも新しいものを吸収して発展してきた音楽です。その象徴がマイルス・デイビス。彼は、ロックやファンクなどの新しい音楽をとり入れるなど、常にジャズを革新し続けた人物。そんな彼の生き方に強く憧れました。そして、「新しい音楽をつくりたい」と僕なりに創意工夫したものです。それが楽しかったのです。

そんなことを思い返すうちに、こう思い至りました。

「新しいことしかやりたくない」

それ以来、僕はずっと「新しいこと」を追い求めてきました。

そのために、大企業の中で軋轢《あつれき》を恐れず新規事業に挑戦してきましたし、必要だと思えば「お金」や「ステータス」を捨てて転職もしてきました。そういう生き方にはそれなりのリスクが伴います。しかし、自分らしく生きるのをあきらめることに比べればささいな問題です。自分らしく生きなければ、死ぬときに絶対に後悔すると思うからです。

だから、僕はやりたいことをやって生きていこう、と心に決めました。

人生は結局のところ「やるかやらないか」がすべて。必ず何かに決めないと、前に進むことはできません。それが正しい選択かどうかは、正直なところわからないけれど、ただ悩んでいるだけで行動に移さないのでは意味がない。自分なりにシンプルな答えを出して、とにかく全力でやってみるしかないと思うのです。

もちろん、失敗することもあります。

そのときには、失敗の原因を突き止めて、次のチャレンジに活かす。あきらめずに、そのサイクルを回し続けることで、必ず成功に近づくことができると思います。そうやって、泣いたり笑ったりしながら、一歩ずつ前に進み続ける。生きるとは、そういうことではないかと思うのです。

人々を幸せにする――。

僕は、これこそ、ビジネスを成功させるうえで、さらに言えば、生きていくうえで最も重要なことだと思います。

この世界は、求める者と与える者のエコシステム。人々が求めているものを与えることができる者が生き残ることができるのです。会社も同じです。人々が求めているものをつくり出すことができたときにヒット商品は生まれます。その結果、会社は繁栄し、そこで働く人々も幸せになることができる。人々を幸せにすることこそが、自分が幸せになる唯一の方法なのです。これは、どんな時代になっても、人間である限り変わらない本質なのだと思います。

だから、逆説めいた言い方に聞こえるかもしれませんが、やりたいことをやって、自分らしく生きていくためには、自分本位であってはなりません。常に、「人々は何を求めているのだろう?」「人々は何に困っているのだろう?」と考え、試行錯誤を繰り返しながら、人の気持ちがわかる人間にならなければならないと思うのです。

そのためには、自分の感性で生きることが絶対条件です。会社や上司に言われるままに行動したり、マニュアルどおりに機械的に働くだけでは、どんどん人々の気持ちから遠ざかってしまうからです。

僕たちはみんな同じ人間ですから、僕たちが心の奥底で感じている気持ちは、必ず人々の気持ちに通じていますっその自分の気持ちを大切にすることこそが、人々の気持ちを理解するための第一歩なのです。だから、決して、社会や会社のシステムに適応するために、自分の感性を押し殺すような働き方や生き方をすべきではありません。そして、ひたすら人々を幸せにするために真摯《しんし》な努力を続けてほしいのです。

同時に、会社は管理しようとするあまり、社員をモノのように扱ってはならないと思います。会社の歯車となるために自分を押し殺すようになった人に、本当の意味で人々を喜ばせるような仕事をすることはできません。それよりも、高い技術と情熱をもつ社員たちが、のびのびと能力を発揮できる環境を整える。そして、彼らを徹底的にエンパワメントする。これこそが、会社を成長させる唯一の方法だと思うのです。

このことを教えてくれたのは、ＬＩＮＥ株式会社の社員たちです。

僕は、彼らに合わせて会社を変えてきただけ、と言っても過言ではありません。そして、彼らがその能力を最大限に発揮した結果、ＬＩＮＥという画期的なサービスが生み出されたのです。ただただ、彼らに感謝するばかりです。

もちろん、何よりも僕たちのサービスを愛してくれるユーザーへの感謝を忘れてはなりません。ときには厳しい声もいただきましたが、それは真摯に会社のために言ってくれる言葉でした。どれも忘れられない思い出として心に残っています。

2015年3月31日――。

そろそろ次のステージに移るタイミングだと考え、僕はLINE株式会社の社長を退任しました。やり残した気持ちはまったくありません。事業も成長軌道に乗り、安心してバトンタッチできるタイミングでした。それは、社長を務めた者として、本当に幸せなことだと思います。しかも、新しい経営陣は、僕よりも優秀な人で、そもそもこれまでLINE事業をリードしてきた人たちですから、何の心配もありません。きっと、今まで以上に会社を成長させてくれるに違いありません。

そして、僕は、これからも「新しいこと」を追求していきます。

4月に、インターネット上の動画メディアを運営するC Channel株式会社を設立。女性モデルやタレントが、日本のファッションやフード、トラベル情報を紹介するコンテンツの配信を始めました。これを出発点に、時間をかけて新しいメディアをつくり上げていこうと考えています。

正直に言うと、ビジネスとして成立させるのは非常に難しい分野です。しかし、だからこそ僕がやるべき仕事だと考えました。なぜなら、資金的な余裕のない若い人たちには手を出しづらいビジネスだからです。そういうビジネスこそ、年長者がリスクをとって挑戦しなければならないと思うのです。

しかも、日本の課題は少子高齢化に伴う衰退。そこで求められるのは、新しい産業を生み出すことです。新しいメディアを成功させることができれば、それは大きな可能性を生み出します。かつて日本のメディアが海外で成功した事例はないので、10年スパンでタイムワーナーのようなグローバル・メディアに育て上げたいと意気込んでいます。

また、これまでの経験で僕なりに培ってきた知見を活かして、アントレプレナーやスタートアップ企業の支援・育成事業にも積極的に取り組んでいくつもりです。やる気のある若い人が、もっともっと活躍できるように後押ししたい。それが、社会を活性化させる最大の方法だからです。

もちろん、どれも簡単なことではありません。カベにぶつかることもあると思いますが、これまでと同じように、泣いたり笑ったりしながら、一歩ずつ前に進んでいきたいと思います。そして、さらに自分を成長させていくとともに、世の中に少しでも貢献できるように全力を尽くす所存です。

再びゼロからのスタートですから不安もあります。だけど、未来には無限の可能性があります。その可能性に自分を賭けていきたい。

「やりたいことを追求する」

「人々を喜ばせるために努力する」

このシンプルな原則を、これからも徹底して生きていきたいと思います。

そして、この本を読んでくださった皆様とともに、明るい未来を切り拓いていければ、それに勝る喜びはありません。

2015年5月

森川 亮

[著者]
森川　亮（もりかわ・あきら）
1967年神奈川県生まれ。1989年筑波大学卒業後、日本テレビ放送網に入社。幼少時から一貫して音楽を続けてきたこともあり、音楽番組の制作を希望するもコンピュータシステム部門に配属。本格的にコンピュータを学ぶ。インターネットの登場に刺激を受け、ネット・ビジネスに傾倒。ネット広告や映像配信、モバイル、国際放送など多数の新規事業立ち上げに携わる。仕事のかたわら青山学院大学大学院にてMBAを取得。2000年にソニー入社。ブロードバンド事業を展開するジョイントベンチャーを成功に導く。2003年にハンゲーム・ジャパン株式会社（後にNHN Japan株式会社、現LINE株式会社）入社。4年後には日本のオンライン・ゲーム市場でナンバーワンとなる。2007年に同社の代表取締役社長に就任。2015年3月にLINE株式会社代表取締役社長を退任。顧問に就任した。同年4月、動画メディアを運営するC Channel株式会社を設立、代表取締役社長に就任。

シンプルに考える

2015年5月28日　第1刷発行
2015年7月27日　第7刷発行

著　者――森川　亮
発行所――ダイヤモンド社
〒150-8409　東京都渋谷区神宮前6-12-17
http://www.diamond.co.jp/
電話／03･5778･7227（編集）　03･5778･7240（販売）
装丁――――奥定泰之
編集協力――上阪　徹
写真――――榊　智朗
製作進行――ダイヤモンド・グラフィック社
印刷――――堀内印刷所（本文）・加藤文明社（カバー）
製本――――ブックアート
編集担当――田中　泰

ISBN 978-4-478-06634-8